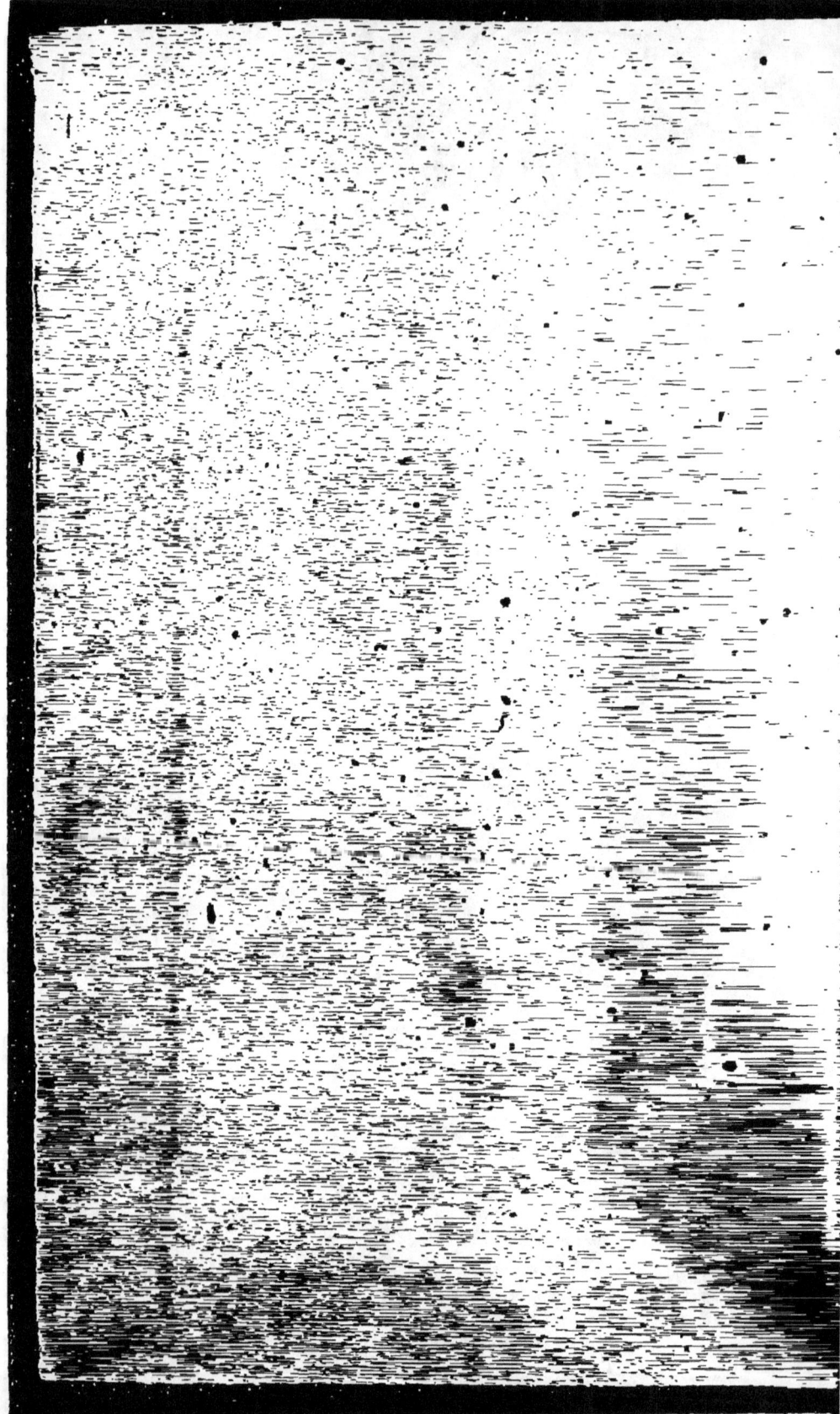

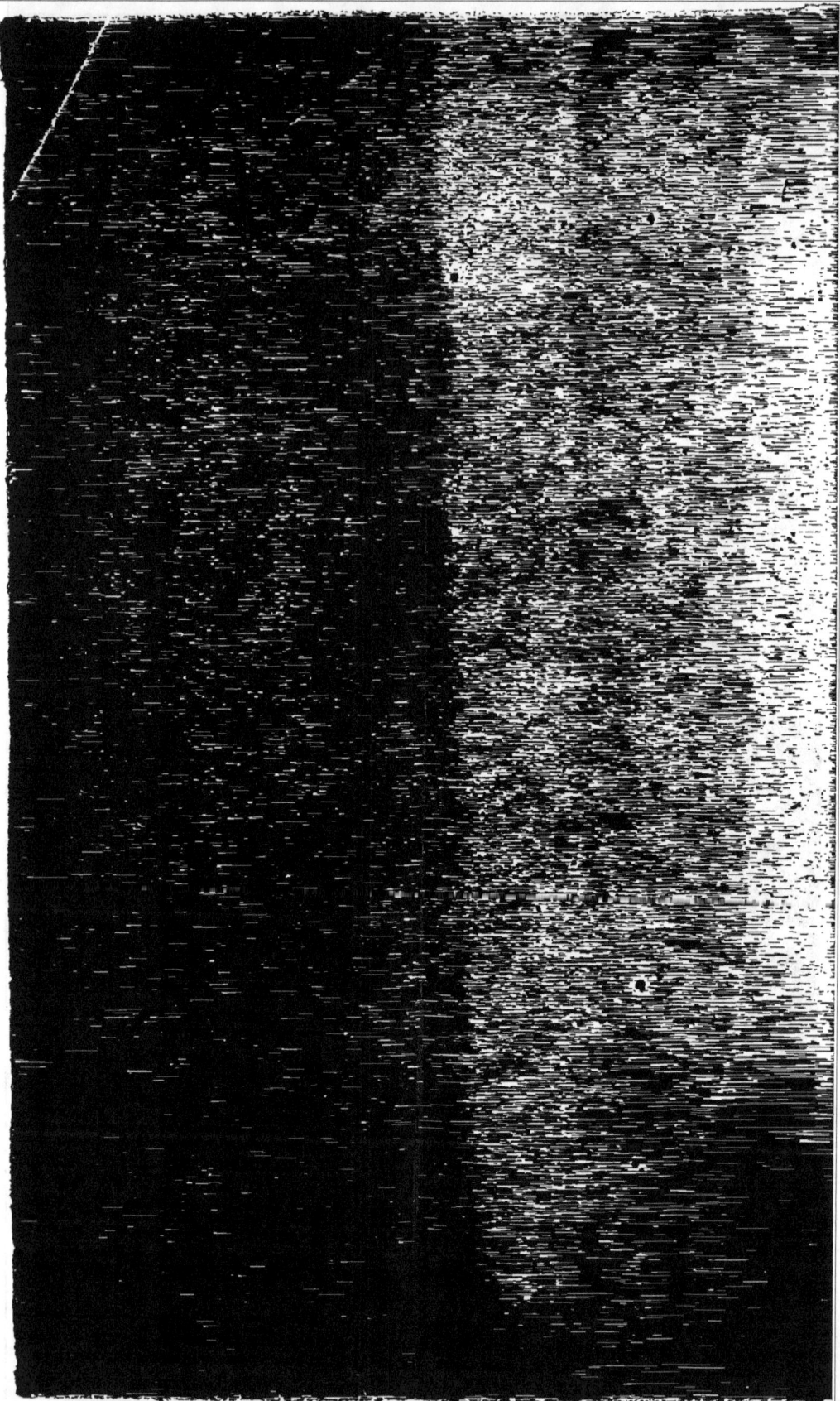

DESCRIPTION

DE L'HOTEL ROYAL

DES INVALIDES.

IMPRIMERIE DE P. BAUDOUIN,
rue des Boucheries St. G. 38, au coin de la rue de Seine.

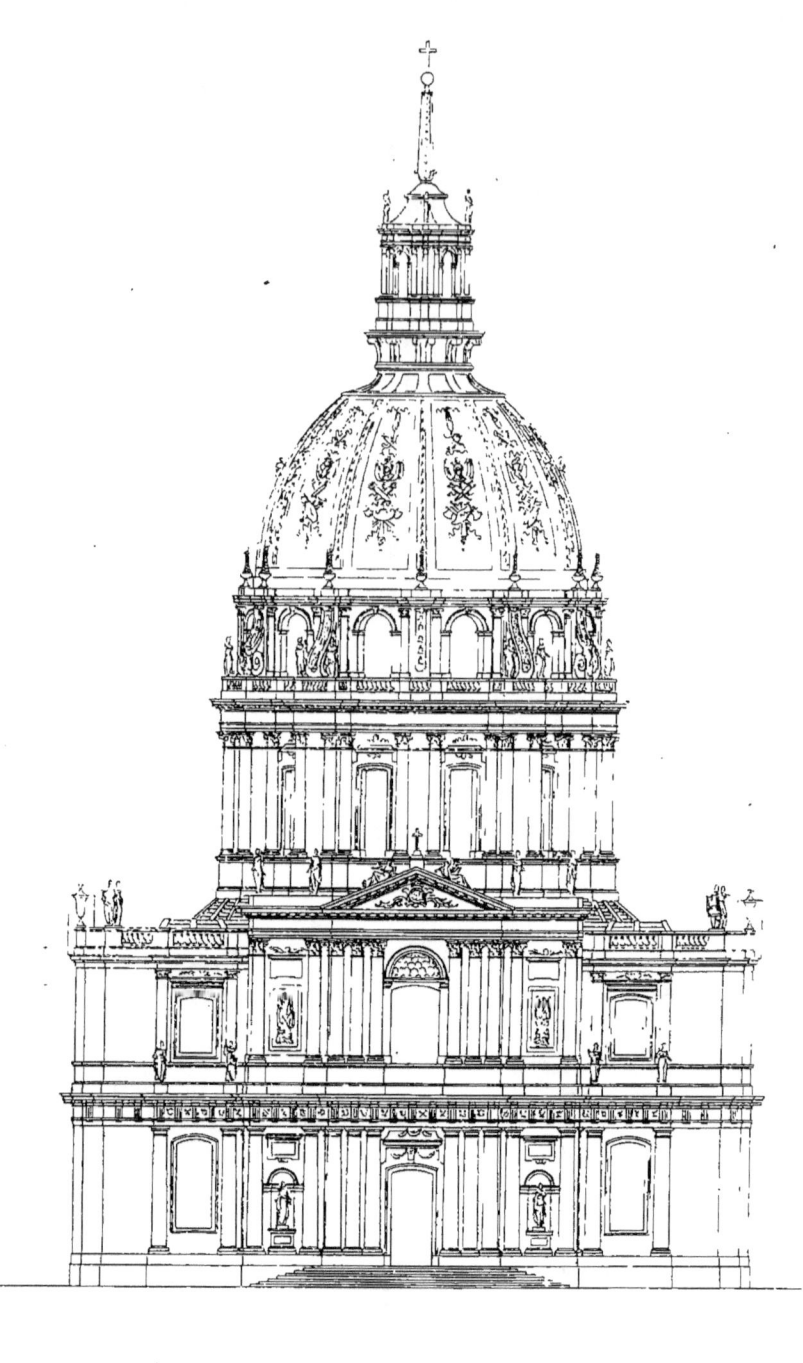

VUE DU DOME DE L'EGLISE ROYALE DES INVALIDES

DESCRIPTION
DE L'HOTEL ROYAL
DES INVALIDES

PRÉCÉDÉE DE RÉFLEXIONS HISTORIQUES

et suivie de quelques détails

SUR LA TRANSLATION DES CENDRES

et le tombeau

DE L'EMPEREUR NAPOLÉON

publiée

AVEC L'AUTORISATION SPÉCIALE DU MINISTRE DE LA GUERRE

Ornée de 3 Gravures.

O Melibœ, deus nobis hæc otia fecit.
VIRGILE.

TROISIÈME ÉDITION.

PARIS

PERROTIN, ÉDITEUR-LIBRAIRE

1, RUE DES FILLES-SAINT-THOMAS

Place de la Bourse

—

1841

RÉFLEXIONS HISTORIQUES.

De tous les monumens fondés par Louis XIV, l'Hôtel des Invalides est celui qui honore le plus sa mémoire. Seul il suffirait pour immortaliser un règne illustré par tous les genres de gloire.

L'idée de cette institution militaire, où l'exécution a si bien répondu à la noblesse de la pensée, appartient tout entière au fondateur; et cette fois la France a surpassé tout ce que l'antiquité avait produit de plus grand.

Jamais, en effet, dans la Grèce et dans

l'ancienne Rome, la valeur n'avait reçu un plus éclatant hommage; jamais plus glorieux asile n'avait été consacré aux vertus guerrières; jamais le sang versé pour la patrie n'avait trouvé plus noble récompense.

On ne peut lire sans en être ému la mémorable ordonnance de fondation où ce prince, ne mettant point de bornes à sa munificence, assure la splendeur de l'établissement qu'il vient de créer, et se réserve à lui seul et à ses successeurs le soin de le doter et de l'enrichir.

« Nous voulons, dit ce grand monarque,
« qu'il ne puisse être reçu ni accepté pour
« ledit Hôtel aucune fondation ni gratification
« qui pourraient lui être faites par quelques
« personnes, et pour quelque cause, et sous
« quelque prétexte que ce soit. »

Montesquieu disait que l'Hôtel des Invalides était le lieu le plus respectable de la terre.

L'Europe le regarde comme le plus beau témoignage de reconnaissance nationale.

Il étonna Pierre-le-Grand lui-même, et sa vue a produit le même sentiment chez tous les souverains qui l'ont visité depuis.

La dignité de l'institution en garantit à jamais la durée chez un peuple aussi éminemment admirateur du courage militaire; et tant que les mots honneur et patrie feront battre le cœur de nos guerriers, l'Hôtel des Invalides sera le premier monument de la France.

Des règlemens pleins de sagesse, œuvres du génie de ces ministres immortels comme Louis XIV, et qui contribuèrent si puissamment à l'éclat de son règne, ont été rédigés dans les vues les plus paternelles ; aussi, dès la création de l'établissement, il a été largement pourvu aux besoins des soldats, et des soins de toute espèce leur ont été prodigués.

Ce n'était point assez de cette auguste sollicitude : le fondateur voulut que, loin des camps, les invalides en retrouvassent l'image.

Il choisit dans ses armées, pour commander encore à ceux qu'ils avaient naguère guidés sur les champs de bataille, des généraux couverts de blessures et de lauriers; et plus d'un Bayard est venu goûter le repos à la tête de ces mêmes soldats dont il avait ailleurs partagé les dangers et la gloire.

L'administration des Invalides, regardée comme le plus haut prix de la satisfaction du souverain, a constamment vu figurer dans son sein des hommes aussi intègres qu'éclairés. L'entretien des bâtimens, celui des tableaux et des statues qui en font l'ornement, objet d'émulation pour les premiers artistes, attestent combien ils étaient pressés de s'associer aux créateurs de toutes ces merveilles. Le service de santé, toujours confié aux plus habiles praticiens, a pu souvent citer des noms chers à la science.

En un mot, quand on étudie l'Hôtel des Invalides dans ses détails, quand on l'envisage dans son ensemble, il élève et agrandit la pensée ; il commande à la fois le respect et l'admiration.

Plus tard, un fils de Louis XIV fonda l'École militaire, et la plaça tout près de l'Hôtel : noble idée, qui rapprochait l'enfance de la vieillesse de l'armée, le berceau du tombeau.

Sous les règnes de Louis XV et de Louis XVI, la longue paix dont jouit la France diminua le nombre des invalides ; mais l'établissement demeura avec ses priviléges, avec la prévoyance de son régime intérieur. On aurait reculé devant l'idée de porter l'esprit novateur dans une création marquée à l'empreinte du grand siècle.

A l'époque même des désastres révolutionnaires, l'Hôtel fut respecté. Vinrent Bonaparte et l'empire qui, jaloux à leur tour d'en rehausser l'éclat, lui donnèrent pour gouverneur un maréchal de France, pour administrateurs les plus anciens membres du sénat, et qui plus tard remplacèrent les soldats de Rocroy, de Denain, de Marsaille et de Fontenoy par les soldats de Fleurus, de Marengo, d'Austerlitz et de la Moskowa.

Napoléon avait une prédilection toute particulière pour cette royale retraite. N'ayant pu avoir le bonheur de la fonder, il s'en vengeait en accablant les invalides de ses bienfaits. Au retour de chacune de ses prodigieuses campagnes, il aimait à se revoir au milieu de ces vieux débris qui n'avaient souvent gardé d'entier que le cœur. Le lendemain de la bataille, le *chef de l'Etat* passait la revue de ceux qui la veille avaient vaincu l'ennemi sous les yeux du *grand capitaine*. A travers l'excessive agitation de son règne, il trouvait le temps de songer à tout ; l'aigle ne planait pas toujours ; le glaive était à peine rentré dans le fourreau, qu'un de ses plus doux loisirs était de reprendre le chemin de l'Hôtel, et il aurait vraiment pu consacrer une partie de sa vie à ses nobles hôtes, s'il les eût visités un jour par victoire. Dans ces solennités trop rares, sa figure s'épanouissait, il avait des mots heureux, il souriait et prodiguait indistinctement ses faveurs, et quelque abondantes qu'elles fussent, elles ne récompensaient jamais que les droits les plus sacrés, *des blessures ou des cicatrices*. L'enthousiasme qui éclatait en sa présence se communiquait rapidement des vieux aux jeunes soldats; Napoléon savait semer pour recueillir.

Ainsi, depuis plus de 30 ans, l'Hôtel des Invalides, l'un des plus précieux talismans de la valeur française, a vu se réunir et se confondre les plus beaux temps de nos fastes militaires; ainsi, à défaut de l'histoire, il pourrait offrir, dans les générations guerrières qui se sont succédé, la tradition de cette ancienne et de cette nouvelle gloire également mémorable, également chère au pays.

En ressaisissant les cendres du plus grand homme des temps modernes, en décidant qu'elles auraient place à côté de Turenne et de Vauban, à côté de ceux-là même qui avaient avec lui moissonné tant de lauriers et accompli tant de hauts faits, la France a voulu donner à la fois à ses vétérans leur dernière et leur plus belle parure. Roi de par ses ancêtres, comme eux, Louis XIV devait avoir Saint-Denis pour dernière demeure; souverain de par son épée, Napoléon ne devait reposer que parmi les soldats sur le pavois desquels il avait bâti sa colossale fortune. — Mais si entre le tombeau du fondateur et celui du continuateur, l'origine a pu dans un temps provoquer une différence, la reconnaissance pour la mémoire des deux n'en admet désormais aucune.

Aujourd'hui, jouissant en paix, à l'abri de tous les besoins, du fruit de leurs anciens services, les militaires invalides offrent le tableau d'une grande famille unie, sous des lois protectrices, par la confraternité d'armes et les mêmes sentimens d'amour, de vénération et de dévoûment pour la personne de notre auguste monarque.

DESCRIPTION

DE L'HÔTEL ROYAL

DES INVALIDES.

L'Hôtel des Invalides est dû à Louis XIV. Les premiers fondemens en furent jetés en 1670, sous le ministère de Louvois. Dès 1674, ce vaste édifice était déjà très avancé, et en état de recevoir des soldats.

Ce fut en avril de cette même année que parut l'édit de fondation, dans lequel cet établissement fut qualifié d'Hôtel royal des Invalides.

Libéral Bruant construisit tous les bâtimens d'habitation, et la première église. La seconde, ou le dôme, est l'ouvrage du célèbre Jules Hardouin Mansard.

Le vaste emplacement de l'hôtel a $115,150^m\ 11^c$ de surface : sa largeur est de $332^m\ 90^c$, et sa longueur, depuis la façade jusques et y compris le fossé extérieur du dôme, est de $345^m\ 90^c$.

ESPLANADE.

Une grande place, établie en 1750, précède l'entrée de l'avant-cour : l'esplanade, qui s'étend jusqu'à la rivière, forme une promenade plantée d'arbres, et exécutée sur les dessins de M. de Cotte, intendant et ordonnateur général des bâtimens et jardins du roi.

On a rétabli, dans le cours des années 1812, 1818 et 1819, les barrières et les gazons de l'esplanade qui avaient été détruits pendant la révolution. Depuis, ces barrières ont été remplacées par des grilles en fer, à hauteur d'appui.

Une fontaine, construite sous la direction de M. Trepsat, ex-architecte des Invalides, était placée en face de l'hôtel, dans la partie de la chaussée traversée par la rue Saint-Dominique; elle a été supprimée pour rendre libre le passage du cortége, lors de la translation des cendres de l'empereur Napoléon.

Les allées pratiquées sur l'esplanade méridionale, et qui se prolongent jusqu'à l'Ecole Militaire, ont été percées sous la direction de l'un des architectes des Invalides, M. Brongniart.

C'est sur l'esplanade, côté du nord, qu'on avait placé, en 1806, les portiques pour l'exposition de l'industrie française, qui a duré deux mois.

GRANDE FAÇADE,

côté du Nord.

L'avant-cour, entourée de fossés, est fermée d'une grille surmontée des armes de France.

Des deux côtés de cette porte sont deux pavil-

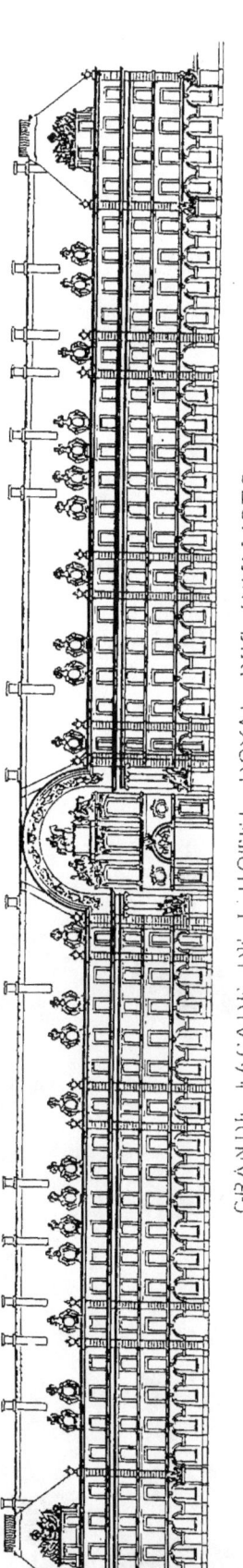

GRANDE FAÇADE DE L'HOTEL ROYAL DES INVALIDES.

VUE PERSPECTIVE DE LA COUR ROYALE DES INVALIDES

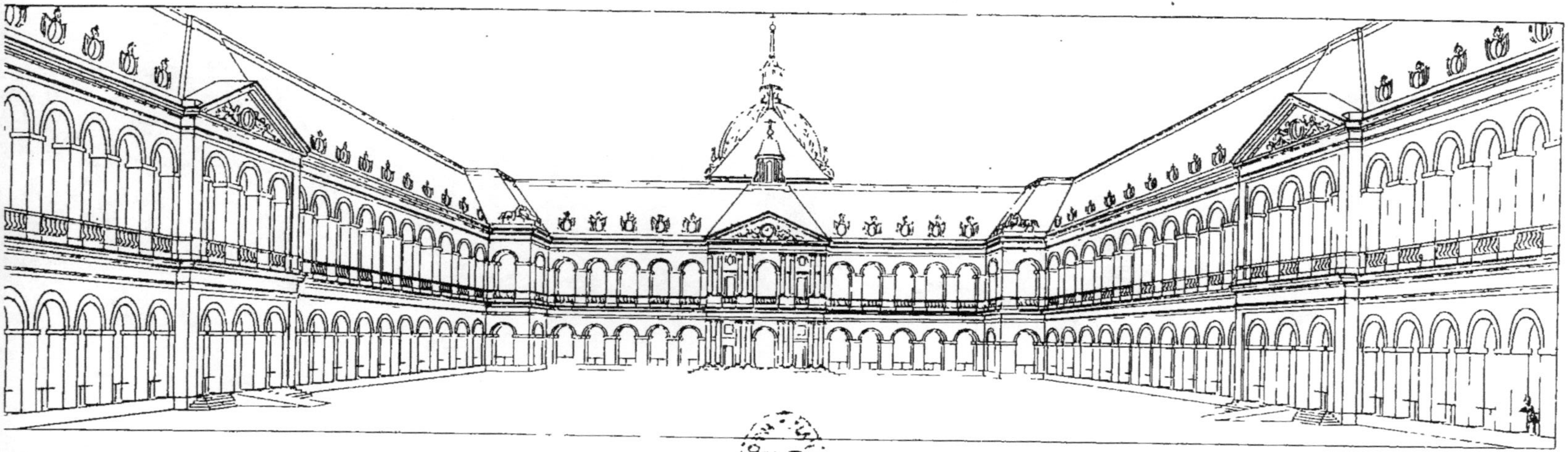

ns en pierre de taille, enrichis de trophées d'armes et des chiffres du roi ; l'un sert de corps-de-garde, et l'autre de logement aux portiers.

Derrière les fossés existe une batterie de seize canons, de divers calibres, destinés à annoncer à la capitale les faits et événemens remarquables.

Ces pièces sont servies par des canonniers invalides.

Il y a de plus, de chaque côté de l'entrée, vingt-quatre canons algériens de 24, d'un poids et d'une longueur doubles des pièces fondues en France, et deux mortiers de 12, également algériens, placés aux angles des extrémités du fossé.

La grande face du bâtiment a 204^m de longueur, et présente trois avant-corps ; celui du milieu est décoré de pilastres ioniques qui reçoivent un grand arc orné de trophées d'armes, dans lequel est en bas-relief la statue équestre de Louis XIV, accompagnée de la justice et de la prudence.

Ce bas relief, exécuté par Coustou le jeune, avait été détruit dans le cours de la révolution. Il a été rétabli par M. Cartellier, et inauguré le 24 août 1816.

On lit cette inscription sur le piédestal :

LUDOVICUS MAGNUS,
MILITIBUS, REGALI MUNIFICENTIA,
IN PERPETUUM PROVIDENS,
HAS ÆDES POSUIT.

AN. 1675.

On voit, des deux côtés de la grande porte d'entrée, les statues de Mars et de Minerve, dues au ciseau de Coustou le jeune, ainsi que la tête d'Hercule, en marbre blanc, qui est au-dessus de la porte.

Ces sculptures n'ont été achevées qu'en 1725.

La façade présente trois étages de croisées au-dessus du rez-de-chaussée, dont les ouvertures sont en arcades.

L'étage au-dessus du grand entablement est éclairé par des lucarnes ornées de trophées.

Aux extrémités sont deux grands pavillons couronnés par un trophée placé sur un attique percé de deux croisées.

Ces deux grands pavillons sont terminés par une terrasse carrée, entourée de balcons.

Les quatre figures en bronze du piédestal sur lequel était élevée la statue de Louis XIV, à la place des Victoires, ont été placées, en 1800, aux angles de ces deux pavillons.

Ces figures qui ont douze pieds de proportion, désignent les nations dont la France a triomphé. Elles sont des chefs-d'œuvre de Desjardins.

COUR ROYALE.

Un grand et beau vestibule, orné de colonnes, conduit à cette cour. A droite est le grand corps-de-garde, et à gauche le corps-de-garde des pompiers. La cour Royale est entourée de quatre corps de logis, avec des avant-corps dans le milieu, et des pavillons dans les angles. Toutes les faces sont décorées de deux rangs d'arcades, d'une très belle forme, couronnées chacune d'un entablement, et terminées par des croisées ornées de trophées. A chaque angle, on voit un groupe de coursiers foulant aux pieds les attributs de la Guerre.

Derrière ces arcades sont ménagées de vastes galeries.

Sous ces grandes galeries, et dans leur longueur, sont des caves superbes, qui sont partagées en trente-huit caveaux, et peuvent contenir environ quatre mille pièces de vin.

La cour Royale, l'un des morceaux d'architecture les plus remarquables qui existent, n'est pas moins admirable par la régularité que par la noblesse de ses proportions. Elle porte le cachet imprimé aux beaux arts par le dix-septième siècle, et la pureté de son style rappelle les plus beaux monumens de l'architecture antique.

Dans le fond de la cour, en face de l'entrée, on admire encore le portail de l'église, formé des deux ordres d'architecture ionique et composite.

Il est couronné d'un fronton qui renferme un cadran, surmonté d'un clocher.

HORLOGE.

L'horloge à équations, placée dans la galerie du midi, en 1784, au-dessus de la porte de l'église, mérite de fixer l'attention : c'est un des plus beaux ouvrages de Le Paute. On peut en apercevoir le mécanisme à travers un vitrage.

STATUE DE NAPOLÉON.

Au premier étage, dans l'arcade du milieu, au-dessus du porche de l'église, on a placé la statue en plâtre de Napoléon.

C'est le modèle qui a servi à fondre celle de bronze qui surmonte la colonne de la place Vendôme. Ce plâtre est de M. Seurre, qui en a fait présent à l'Hôtel.

RÉFECTOIRES.

Dans la partie des bâtimens qui occupent la droite et la gauche de la cour Royale, sont quatre grands réfectoires, contigus aux galeries que forment les portiques du rez-de-chaussée.

Un de ces réfectoires, le second à gauche, est destiné aux officiers.

Les trois autres servent aux sous-officiers et soldats.

Ces réfectoires sont tous ornés de peintures à fresque, exécutées par Martin, élève de Vander-Meulen. Elles représentent différentes places et fortifications des villes de Flandre, de Hollande, d'Alsace, de Franche-Comté, de Bourgogne, etc., conquises par Louis XIV.

PREMIER RÉFECTOIRE,

côté de Paris.

On y voit, sur la porte, un grand tableau qui représente Louis XIV sur des nuées, environné des Grâces, et accompagné de la Justice, de la Force, de la Prudence et de la Tempérance, mettant en fuite l'ignorance et la superstition.

Dans un groupe de figures paraissent l'Abondance et la Munificence personnifiées, et la France à genoux, qui rend grâces au ciel des bienfaits dont elle est comblée sous le règne de Louis-le-Grand. On a placé, dans le ciel de ce tableau, le dieu des combats avec les génies de la guerre, dont l'un mesure le globe terrestre avec le compas. Il est éclairé par le soleil levant.

La face opposée aux fenêtres est décorée de différens tableaux relatifs aux conquêtes de Louis XIV en Flandre, telles que la prise de Cambrai, Charleroi, Tournai, Douai, Bergues, Saint-Vinox, Lille, Furnes, Courtrai, Alost, Oudenarde, etc.

Sur l'autre porte du même réfectoire est un grand tableau où le roi est représenté à cheval, suivi de ses gardes et revenant de faire des conquêtes; la Renommée s'efforce de devancer ses pas, pour publier sa gloire. La Valeur et la Victoire le suivent chargées de palmes : la Franche-Comté soumise est représentée sur le devant de ce tableau, sous la figure d'une femme enchaînée ; elle est accompagnée d'un vieillard, dans l'attitude d'un ennemi vaincu. Le peintre a désigné sous cet emblème le reste de la Flandre subjugué.

La lumière de ce tableau vient du soleil couchant.

Du côté des croisées, dans les trumeaux qui les séparent, sont représentées les conquêtes faites en Franche-Comté, la prise de Besançon, de Salins, de Dôle, de Gray, du fort et du château de Joux, de Saint-Laurent-Laroche, et de Sainte-Anne.

DEUXIÈME RÉFECTOIRE,

côté de Paris.

Sur la porte est un grand tableau dans lequel est représentée la déclaration de guerre aux Hollandais. Le roi, assis sur son lit de justice, semble la prononcer. Le monarque est accompagné de la Raison, de la Religion et de la Justice, que l'on reconnaît à leurs attributs, et qui semblent lui conseiller cette guerre. Pallas est à ses pieds, et la muse de la guerre dresse le cartel de déclaration. On voit, sur le devant du tableau, Bellone qui se prépare à répandre partout le désordre et l'horreur. Elle détruit tout ce qu'elle rencontre sur son chemin, et paraît mépriser les cris d'un petit enfant qui court après elle. Dans l'enfoncement de ce tableau est le temple de Janus, d'où sortent des peuples épouvantés de la déclaration de guerre. La Paix, renversée par terre, et soutenant à peine un rameau d'olivier, appelle un Génie, qui, s'étant revêtu d'un casque et d'autres armes, refuse de l'écouter et court à la guerre.

Sur le côté opposé aux fenêtres, on voit la prise de Reimberg, Orsài, Wesel, du fort de la Lippe, de Rées, de Schin, d'Emerick, de Guritz, Zutphen, Narden, Utrecht et Tiel.

Vis-à-vis, le peintre a représenté la prise des villes de Graves, Bommel, Crève-Cœur, fort Saint-André, Voôrn, Nimègue, Znotxembourg, Oudenarde, Culembourg, Doësbourg, Vianem et Arnheim.

TROISIÈME RÉFECTOIRE,

faisant face à Saint-Cloud.

Au-dessus de la porte, on admire un grand tableau de Louis XIV, accompagné de Minerve, de Bellone et de la Victoire. Ce monarque se dirige vers la Meuse, qui semble déjà soumise. Elle présente à Sa Majesté la ville de Maëstricht, figurée par l'étoile qu'elle tient en sa main. Ce sont les armes de cette ville. Au côté droit de ce tableau, le Rhin rend ses hommages au roi. L'Europe est de l'autre côté.

Dans la partie opposée aux croisées sont plusieurs tableaux qui rappellent différentes conquêtes du roi, telles que la prise de Maëstricht, de Dinan, la bataille de Senef, la levée du siége d'Oudenarde par trois armées combinées, les Espagnols, les impériaux et les Hollandais, la prise de Limbourg, etc. Ces tableaux sont séparés par des trophées d'armes.

Entre les fenêtres, le peintre a exécuté la prise de Joux, de Besançon, de Dôle et de Salins pour la seconde fois, et celle de Lure, de Vesoul et de Fauconnier.

Au-dessus de l'autre porte est un grand médaillon qui représente la Clémence, assise sur des trophées d'armes, tenant une Victoire à la main, avec cette inscription : Victoris Clementia.

QUATRIÈME RÉFECTOIRE,

du même côté.

Au-dessus de la porte, est un grand tableau du roi à cheval, donnant des ordres pour les expéditions de ses dernières campagnes.

Vis-à-vis des croisées sont d'autres tableaux où l'on voit la prise de Valenciennes, de Condé, de Cambrai, Bouchain, Saint-Omer, Aire, le secours de Maëstricht, la bataille de Mont-Cassel.

Dans les trumeaux qui séparent les croisées, on a peint l'embrâsement du pont de Strasbourg, la prise d'Ypres, du Fort-Rouge, de Puicerda, Saint-Guilain, Fribourg, du fort de Linck, de Bouillon, et la bataille de Saint-Denis devant Mons.

Au-dessus de la seconde porte, on voit Louis XIV

qui reçoit les remercîmens des ambassadeurs d'Espagne, de Hollande et d'Allemagne, pour la paix qu'il vient d'accorder.

Les peintures à fresque qui ornent les trois réfectoires des soldats ont été restaurées, en **1820**, par Vauthier.

DORTOIRS.

Aux premier et deuxième étages, au-dessus des réfectoires, on a établi huit grandes salles servant de dortoirs.

Au premier se trouvent la salle de Louvois, contenant 54 lits; celle d'Hautpoul 57; celle de Luxembourg 54, et celle de Mars 56. Au second étage, la salle d'Assas, contenant 50 lits; celle de Latour-d'Auvergne 57; celle de Bayard 54, enfin, celle de Kléber 57, ensemble 429 lits. Ces dortoirs sont remarquables par leur étendue et par l'ordre et la propreté qui y règnent.

BIBLIOTHÈQUE.

Le pavillon du milieu de la façade principale offre, au premier, dans la galerie du midi, une bibliothèque établie en 1800, dans une grande salle où le conseil d'administration tenait autrefois ses séances.

Elle est composée de dix-huit mille volumes,

rangés par ordre de matières : elle est ouverte tous les jours pour les militaires invalides, depuis neuf heures jusqu'à trois, excepté les dimanches et fêtes.

La boiserie sculptée est d'un beau travail.

C'est de la fenêtre de la bibliothèque qu'on est le plus à portée d'admirer le beau point de vue qui s'étend jusqu'à l'avenue de Neuilly, au moyen de la percée faite, il y a quelques années, dans les Champs-Elysées, et dont on a parlé en décrivant l'esplanade.

A gauche de l'entrée, est le portrait en pied du roi, par Winterhalter, avec cette inscription :

Donné par le roi aux Invalides, l'an 1840.

En face, à droite, se trouve la copie du tableau de David, qui a été placé au musée de Versailles, représentant Bonaparte à cheval, au passage du mont Saint-Bernard, après la bataille de Marengo, par Rouget, présent du roi en 1840.

Au-dessous de ce tableau on remarque, sous un verre bombé et sur un socle en marbre, le chapeau de l'empereur Napoléon.

On lit au bas :

« Ce chapeau est celui que portait Napoléon à
« la bataille d'Eylau : il a servi à M. le baron Gros
« pour le tableau de cette bataille.

« Acheté 2,040 francs, à la vente de ce peintre, en
« 1835, par M. Delacroix d'Orléans, médecin à
« Paris, il en a fait hommage gratuit à l'Hôtel, à
« l'occasion des funérailles de l'Empereur. »

La bibliothèque renferme enfin un grand plan en

relief de l'Hôtel et entouré d'une balustrade en fer.

SALLE DU CONSEIL.

Les portraits des maréchaux de France et des gouverneurs, dont les noms suivent, ont été placés dans cette salle et celle qui la précède :

1° Le maréchal Lannes, duc de Montébello ;
2° Le maréchal Bessières, duc d'Istrie ;
3° Le maréchal Berthier, prince de Neuf-Châtel et de Wagram ;
4° Le maréchal Brune ;
5° Le maréchal Augereau, duc de Castiglione ;
6° Le maréchal Masséna, duc de Rivoli, prince d'Esling ;
7° Le maréchal duc de Feltre ;
8° Le maréchal Lefebvre, duc de Dantzick ;
9° Le maréchal Kellermann, duc de Valmy ;
10° Le maréchal Beurnonville ;
11° Le maréchal Davoust, prince d'Eckmülh ;
12° Le maréchal Pérignon ;
13° Le maréchal duc de Coigny, ancien gouverneur de l'Hôtel ;
14° Le maréchal Serrurier, *idem* ;
15° Le maréchal Suchet, duc d'Albuféra ;
16° Le maréchal Gouvion-Saint-Cyr ;
17° Le maréchal Ney, prince de la Moskowa ;
18° Le maréchal Jourdan ;
19° Le maréchal de Lauriston ;
20° Le duc Bellisle ;

21° Le duc de Broglie ;
22° Le marquis de Vioménil ;
23° Le baron d'Espagnac, ex-gouverneur de l'Hôtel ;
24° Le général Berruyer, *idem.*

Dans la salle du conseil on remarque particulièrement :

Un portrait de l'Empereur, en habits du sacre, par Ingres ;

Un portrait en pied de Louis XIV ;

Un buste en marbre de l'Empereur, par Bosio.

Un buste en marbre du roi.

La salle du conseil et celle qui la précède seront désormais destinées à recevoir les portraits des gouverneurs de l'Hôtel.

GRANDE LINGERIE.

Dans le corridor de Nîmes, à droite de la galerie du rez-de-chaussée, à l'occident, est située la grande lingerie. Une case particulière est destinée à recevoir le linge attribué à chaque militaire invalide.

CUISINES.

On n'entrera ici dans aucuns détails sur la nature et la quantité des alimens qui sont distribués aux officiers, sous-officiers et soldats invalides. Les menus, affichés pour chaque semaine à la porte des réfectoires, en fournissent l'indication.

Derrière ces réfectoires, qui occupent la gauche de l'Hôtel, du côté de Paris, se trouvent la grande cuisine des soldats et celle des officiers. Dans leurs dépendances est une pièce destinée à recevoir la viande pour la distribution du jour. Tout ce qui est nécessaire à la préparation des alimens d'un si grand nombre d'hommes mérite de fixer l'attention.

On met journellement dans la marmite de neuf cents à mille livres de viande.

La même quantité est employée pour les ragoûts.

Vingt-cinq boisseaux de légumes sont nécessaires pour la consommation journalière.

La cuisson des viandes ou légumes a lieu sur des fourneaux économiques nouvellement établis, et qui peuvent contenir chacun huit grandes marmites.

Lorsque ces fourneaux ont été établis, on a supprimé la hotte en pierre de très grande dimension de la cuisine des soldats; on a construit à la place une voûte en pierre et en briques apparentes.

SALLE DE DISCIPLINE.

Dans une cour particulière, du même côté que les cuisines, est placée la salle de discipline.

CHARBONNIÈRE.

Dans la même cour, à l'extrémité du corridor de Bayonne, est une immense charbonnière, qui contient plusieurs milliers de voies de charbon.

—

INFIRMERIES.

Le bâtiment est orienté du levant au midi.

Sa face du côté de Paris a 128^m. de long, et 96 m. du côté du midi ; le reste fait le carré à proportion. On n'a donné qu'un étage au-dessus du rez-de-chaussée, afin que ce bâtiment ne nuisît point à la vue du grand édifice, et principalement de l'église, auxquels il est contigu.

Sous les deux corps de logis des infirmeries, sont treize caves pour différens approvisionnemens.

L'infirmerie est desservie par vingt-cinq sœurs hospitalières de l'ordre de saint Vincent de Paul et une dame supérieure. Elles ont sous leurs ordres un grand nombre d'infirmiers ou servans.

Un local séparé, attenant à l'infirmerie, est consacré au logement des sœurs. Il contient un oratoire, un vaste dortoir, un réfectoire, et toutes les dépendances qu'exige leur service particulier.

On ne saurait trop donner d'éloges au zèle que ces respectables filles ne cessent d'apporter dans l'exercice des pénibles fonctions dont la charité la plus vive et le désintéressement le plus pur leur font supporter le poids avec ce dévoùment que la religion seule peut inspirer. Les invalides retrouvent en chacune d'elles les soins d'une mère tendre, empressée à leur prodiguer tous les secours que leurs blessures et leurs infirmités réclament, toutes les consolations qui peuvent adoucir leurs souffrances.

L'infirmerie se compose de sept salles de malades.

La première salle, dite de Saint-Louis, ou salle des fiévreux, est divisée au rez-de-chaussée, comme au premier étage, en quatre parties.

Dans le milieu, où elles se croisent, est une coupole éclairée par le haut, et soutenue par huit colonnes à chaque étage. Sous cette coupole, on a établi un autel à la romaine, placé de manière que chaque malade peut, de son lit, entendre la messe qui se dit tous les jours.

Ces quatre divisions contiennent ensemble quatre-vingt-huit lits.

La seconde salle est celle de Saint-Joseph, ou salle des officiers. Elle se divise en deux parties : l'une sert aux hommes malades, et l'autre aux hommes à demeure, ou réputés incurables. Le nombre des lits pour chaque partie est de vingt-trois.

La troisième salle, dite de la Valeur, ou salle des blessés, contient cent un lits.

La quatrième salle, dite de Saint-Vincent de Paul, ou des épileptiques, contient soixante et un lits.

La cinquième salle, dite de la Victoire, contient vingt-cinq lits.

La sixième salle est celle de Saint-Côme, n° 1, ou salle des cancéreux ; elle contient vingt-deux lits.

La septième et dernière est la salle de Saint-Côme, n° 2 ; elle contient dix-huit lits.

Une sœur, une veilleuse et trois infirmiers passent tour à tour la nuit, et sont chargés de pourvoir aux besoins de tous les malades.

La cuisine est dirigée par trois sœurs ; elles ont sous leurs ordres un chef cuisinier et cinq garçons de cuisine.

GRANDE ET PETITE PHARMACIES.

La grande sert de dépôt pour les médicamens qui excèdent les besoins du service journalier. On y remarque de belles armoires en chêne, décorées de sculptures, ainsi qu'une table et des vases, dont la confection remonte à la fondation de l'hôtel.

La petite, richement décorée, est dans le style le plus moderne. En face de la porte d'entrée, on a placé une cuvette en marbre de Languedoc, recevant les eaux d'une fontaine destinée au service. D'autres armoires en chêne, vitrées et surmontées d'une corniche, renferment des vases de porcelaine.

TISANNERIE ET LABORATOIRE.

Ces emplacemens sont garnis de tous les ustensiles nécessaires à la préparation des tisanes et médicamens, et aux distillations.

SALLE D'APPAREIL.

C'est dans cette salle que les invalides, réunis dans les divisions, viennent se faire soigner des infirmités qui ne sont pas assez graves pour exiger leur entrée à l'infirmerie.

SALLE DE BAINS.

L'hôtel n'a plus à envier les avantages que présentent les salles destinées aux bains dans les grands hôpitaux. Il y a été établi des salles particulières pour administrer des douches ascendantes, descendantes et transcendantes, des bains de vapeurs aqueuses, et des bains sulfureux ou de vapeurs sulfureuses.

Enfin, on a disposé une salle de repos à proximité, pour y recevoir les malades au sortir des bains.

Ils trouvent ainsi réunis sous la main tous les secours possibles.

Ces améliorations, que réclamaient les besoins du service de santé, répondent dignement à la noble institution d'un établissement qui atteste, dans toutes ses parties, la vive sollicitude d'une administration vigilante pour le bien-être et le soulagement des braves confiés à ses soins paternels.

Il en est résulté une grande économie sur les frais de route et de traitement qu'occasionnait, chaque année, l'envoi d'un grand nombre d'invalides dans les établissemens d'eaux thermales.

Le long des bâtimens de l'infirmerie, situés au levant, est une promenade couverte pour les convalescens.

BOULANGERIE.

Près de l'infirmerie, sont les bâtimens de la boulangerie; ils renferment les fours et tout ce qui est nécessaire à la manutention du pain.

PANNETERIE.

A la suite du second réfectoire, dans le corridor de Metz, qui conduit à la cour du Dôme, est la panneterie, qui contient le pain destiné à la distribution du jour.

ESPLANADE DU DOME.

En face des bâtimens de la boulangerie, cour de l'Abondance est un quinconce qui sert de promenade aux malades pendant la belle saison. Ce quinconce longe les bâtimens de l'infirmerie, situés au midi. Une grille conduit de ce quinconce à la cour du Dôme, qui forme aussi une esplanade, et d'où l'on découvre le superbe portail de cet édifice. En face, est un fossé revêtu de parapets, et garni de barrières. On y arrive par une très belle avenue, dite de Breteuil.

GRAND BASSIN.

Du côté opposé à la cour de l'Abondance, est un grand jardin, au milieu duquel se trouve un bassin assez vaste pour contenir environ onze mille muids d'eau destinés au service du rez-de-chaussée de l'Hôtel.

RÉSERVOIRS.

Indépendamment de ce grand bassin, il y a deux réservoirs : l'un situé à l'angle sud-ouest du bâtiment neuf, et l'autre au sommet du pavillon du grand corps de bâtiment, aussi exposé au sud-ouest de l'Hôtel.

PUITS ET POMPE.

Ces réservoirs et le grand bassin tirent leurs eaux d'un puits immense qui a été construit avec le plus grand soin, et dans lequel il y a toujours 6 à 8^m. d'eau. Il porte 4^m. de diamètre, et en a 24 de profondeur. Au-dedans est une pompe mise en mouvement par quatre chevaux, et qui fournit, dans toute l'étendue de la maison, la quantité d'eau nécessaire. Il s'en consomme communément onze cents muids par jour.

Vis-à-vis de la pompe est une allée d'arbres terminée par une grille ayant vue sur le boulevart.

POUDRIÈRE ET GLACIÈRE.

A droite de cette allée, on trouve la poudrière et deux glacières.

BATIMENT NEUF.

A gauche, sur la même ligne que la pompe, est le bâtiment, dit bâtiment neuf, que Louis XV fit élever, en 1749, pour servir de logement aux officiers de différens grades.

Il a 130^m de longueur sur 12^m de largeur. Il n'est composé que d'un rez-de-chaussée surmonté de mansardes.

En face de ce corps de logis, est une promenade pour les aveugles; elle est bordée de petits jardins cultivés par des invalides.

Vis-à-vis de la face extérieure du grand bâtiment, du côté de Saint-Cloud, est un terrain divisé en plusieurs pièces de gazon, et planté d'arbres en quinconce, sous lesquels sont établis différens jeux à l'usage des militaires.

COUR DE L'INDUSTRIE

De l'autre côté du mur d'enceinte, est une cour où se trouvent le magasin des bâtimens, et les ateliers de divers ouvriers employés aux travaux de l'Hôtel.

BOUCHERIE ET BUANDERIE.

Elles sont situées, la première à l'abattoir de Grenelle, et la seconde rue de Grenelle, au Gros-Caillou.

PREMIÈRE ÉGLISE,

DITE ÉGLISE ANCIENNE.

La principale porte d'entrée est surmontée d'un jeu d'orgues en bois doré, d'une très belle exécution.

Du midi au nord, où elle a sa principale entrée par la cour Royale, elle contient à peu près autant d'étendue que l'église du Dôme en a du nord au midi.

Les deux églises ont ensemble 140^m de longueur, et environ 12^m. 66^c. dans sa moindre largeur.

L'église ancienne a 22 mètres d'exhaussement depuis son pavé jusque sous la clé de la voûte.

Une grande tribune est au-dessus de la principale entrée vers le nord, et d'autres tribunes encore plus spacieuses et toutes voûtées règnent sur les bas côtés, qui sont aussi voûtés, et qui forment de part et d'autre une décoration de dix-huit arcades, accompagnées de vingt pilastres d'ordre corinthien. Ces pilastres s'élèvent jusqu'au haut des tribunes, dont les ouvertures répondent au-dessus des arcades des bas côtés. D'autres pilastres corinthiens, de semblable hauteur, sont accouplés dans une partie en demi-cercle, qui se termine vers le midi, et qui sert de sanctuaire particulier au-devant du maître-autel.

La plus grande largeur, en comprenant celle des bas côtés, a près de 24 mètres.

Trente-six fenêtres éclairent les bas côtés et les tribunes au-dessus, et il y a huit autres fenêtres sur l'entablement corinthien, dans les lunettes de la grande voûte en plein cintre, et qui est construite en pierre. Les bandeaux de cette voûte, portés par des pilastres, au-dessus de la corniche, et un autre bandeau qui règne sous la clé, tout le long de l'église, sont ornés de roses, de fleurs de lis et de couronnes ; enfin, la grande arcade où l'autel est placé, et qui a 20^m. de hauteur sur 8^m. de largeur ou environ, est ouverte entre les pilastres accouplés, et son arc a pour imposte le même entablement corinthien qui porte la voûte (1).

La voûte de l'arcade, dont il est ici question, est ornée de différens symboles de la religion en bas-relief. Dans une bordure ronde qui est sous la clef, on voit un triangle rayonnant, au milieu duquel on lit le mot *Jéhova*. Ce triangle, symbole de la Sainte-Trinité, a pour accompagnement des anges prosternés à ses côtés.

Dans deux autres bordures ovales, qui sont auprès des impostes de l'arcade, on voit de chaque côté des trophées d'armes, au milieu desquels sont des boucliers portant les armes de France. Deux bordures plus hautes que larges, qui sont entre les trois précédentes, contiennent : l'une, la figure de l'arche d'alliance, et l'autre, la figure du saint sacrement. Quatre grands chandeliers d'autel sont représentés aux côtés de chacun de ces bas-reliefs,

---

(1) Sous cette arcade qui sépare les deux églises, est le grand autel, composé de deux tables adossées, dont l'une regarde l'église de la maison, et l'autre celle du dôme. Cette dernière sert de contre-rétable à celle de la maison, qui est bien moins élevée. On monte de celle-ci à l'autre, par dix marches en marbre blanc qui sont aux côtés de l'autel.

Il y a deux autres escaliers servant de communication à deux sacristies de forme circulaire qui sont à côté de l'arcade, où le grand autel est élevé, et qui sont de plein pied avec le chœur, où ces mêmes sacristies ont leurs principales entrées, par des portes qui sont sous les bas côtés.

L'autel de marbre faisant un des principaux ornemens du dôme, on se réserve d'en parler dans la description de cette église.

dans des bordures particulières. Un compartiment de cadres sert de fond à tous ces ornemens.

Le sanctuaire a cinquante-quatre pieds de longueur, de l'orient à l'occident, sur trente-six de largeur, du nord au midi, et soixante-douze pieds de hauteur, jusque sous la clef de la voûte.

Deux figures de femmes en bas-relief sont assises sur les bandeaux de chaque fenêtre basse du sanctuaire, aux côtés d'une console d'où pendent des festons de fleurs.

Les figures de la fenêtre vers l'occident, représentent, l'une, la charité caractérisée par des enfans qu'elle a auprès d'elle, et l'autre, qui est ailée, la libéralité chétienne, ayant pour attribut une corne d'abondance.

Celles de l'autre fenêtre représentent, l'une, la Foi, et l'autre, l'Espérance.

Ces bas-reliefs ont été rétablis par M. Rutxhiel.

Deux fenêtres, ornées de bandeaux, sont ouvertes dans la voûte, au-dessus de celles-ci.

L'ancienne chaire, exécutée sur les dessins de Vassé, formait une espèce de dais supporté par deux palmiers. L'amortissement offrait la couronne de France soutenue par des chérubins.

Elle a été détruite pendant le cours de la révolution.

Celle qui la remplace est d'une riche construction, et tout entière en marbre blanc veiné, rehaussé de parties d'or,

Le socle circulaire est parsemé d'étoiles en bronze doré.

L'appui est orné de bas-reliefs en cuivre repoussé, représentant des sujets religieux.

Au-dessus de cet appui, s'élèvent quatre colonnes en marbre, avec chapitaux, bases et ornemens en bronze, qui soutiennent une coupole dorée.

Entre les deux colonnes du fond, sur des rayons d'or, est ciselée la table de la loi divine.

On monte à cette chaire par deux escaliers en marbre, placés de chaque côté du pilastre, et garnis d'une balustrade en fer poli, avec parties dorées.

Dans l'étendue et la longueur des trois travées d'arcades de la nef, est un caveau de huit toises, deux pieds et demi de long, sur seize pieds de large dans œuvre. Ce caveau était destiné à la sépulture des principaux fonctionnaires de l'Hôtel.

NEF DE L'ÉGLISE.

DESCRIPTION

DES CÉNOTAPHES DES PILASTRES.

PREMIER PILASTRE A DROITE.

Celui qui a été élevé à la mémoire de M. le comte de Guibert, lieutenant-général, décédé gouverneur des Invalides, est placé en entrant dans la nef de l'église de l'Hôtel, et se compose d'un piédestal surmonté d'un obélisque en marbre blanc veiné. Sur le milieu de cet obélisque, est un trophée formé d'un bouclier orné d'une tête de Méduse, croisé avec une épée nue, le tout surmonté d'une couronne de lauriers, et appendu par une écharpe à un patère. Ce trophée est en bronze, couleur antique, en partie doré.

Sur le piédestal est gravée cette inscription :

A LA MÉMOIRE
DE CHARLES BENOIT, COMTE DE GUIBERT,
LIEUTENANT-GÉNÉRAL DES ARMÉES
DU ROI, GRAND-CROIX DE L'ORDRE DE
SAINT-LOUIS, GOUVERNEUR ET
INSPECTEUR GÉNÉRAL DES INVALIDES.
DÉCÉDÉ EN CET HOTEL, LE 8 DÉCEMBRE 1786.
CE MONUMENT SIMPLE ET PIEUX
A ÉTÉ CONSACRÉ PAR SA VEUVE ET PAR SES ENFANS,
AVEC LA PERMISSION DU ROI
ET SOUS LE MINISTÈRE DE M. LE MARÉCHAL
DE SÉGUR. COMPAGNONS D'ARMES,
PRIEZ DIEU POUR SON AME.

—

PREMIER PILASTRE A GAUCHE.

Le cénotaphe de M. le baron d'Espagnac consiste en une table en marbre blanc veiné, avec couronnement. Sur cette table sont gravées des armoiries, avec cette inscription :

LE BARON
D'ESPAGNAC DE SAHUGUET DARMAZIT,
LIEUTENANT-GÉNÉRAL,
GRAND-CROIX DE L'ORDRE DE SAINT-LOUIS,

GOUVERNEUR DE L'HOTEL DES
INVALIDES, DE 1766 A 1783 IL FUT LE
COMPAGNON D'ARMES, L'AMI ET L'HISTORIEN
DU MARÉCHAL MAURICE DE SAXE

Érigé par son fils et son petit-fils, les comte et baron Charles d'Espagnac.

DESCRIPTION DU MONUMENT

élevé à la mémoire du maréchal Duc de Coigny.

Ce monument est en face de celui de M. le comte de Guibert; il est construit en marbre blanc veiné, de la largeur du pilastre, et décoré de chaque côté de deux grandes lances, au fer desquelles sont attachés deux sabres renversés supportant une guirlande de cyprès; au-dessus de cette guirlande, sont les armoiries du maréchal, en bronze. Dans la partie inférieure, est une inscription ainsi conçue :

LE GRAND CONSEIL
D'ADMINISTRATION DE L'HOTEL,
DE L'ASSENTIMENT DE SON EXCELLENCE LE MINISTRE
SECRÉTAIRE D'ÉTAT DE LA GUERRE,
A VOTÉ CE MONUMENT
A LA MÉMOIRE
DE SON EXCELLENCE M. LE MARÉCHAL
DUC DE COIGNY,
GOUVERNEUR DE L'HOTEL,
Y DÉCÉDÉ LE XIX MAI
1821.

DEUXIÈME PILASTRE A GAUCHE.

CÉNOTAPHE A LA MÉMOIRE DU MARÉCHAL COMTE DE LOBAU.

Il consiste en une tablette en marbre blanc veiné, ornée de moulures au pourtour, posée sur un socle, et décorée d'une corniche. Au-dessus est placé le blason du maréchal.

Sur cette table sont deux couronnes, et une épée entourée de feuillages de chêne en bronze doré.

On y lit l'inscription suivante :

GEORGE MOUTON,

COMTE DE LOBAU, NÉ A PHALSBOURG,

LE 21 FÉVRIER 1770,

DÉCÉDÉ A PARIS

LE 26 NOVEMBRE

1838.

Au-dessous de l'inscription, et de chaque côté de l'épée, sont inscrits les services et campagnes du maréchal.

GLOIRE A DIEU !

QUATRIÈME PILASTRE A GAUCHE.

Sur une tablette en cuivre, sont inscrits les noms des maréchaux de France et des officiers généraux dont les dépouilles mortelles sont déposées dans le caveau de l'église.

SIXIÈME PILASTRE A GAUCHE.

CÉNOTAPHE DU MARÉCHAL JOURDAN.

Il est en marbre blanc, surmonté des armes du maréchal.

De chaque côté est un flambeau cinéraire renversé.

Inscription :

ICI REPOSENT LES CENDRES
D'UN BON FRANÇAIS, D'UN BRAVE SOLDAT
ET D'UN EXCELLENT PÈRE DE FAMILLE,
J.-B. JOURDAN,
MARÉCHAL, PAIR DE FRANCE.
DÉCÉDÉ GOUVERNEUR DES INVALIDES,
LE 29 NOVEMBRE 1833.

DOME

OU ÉGLISE NOUVELLE.

INTÉRIEUR.

Le dôme, très spacieux, contenu dans un carré parfait, est soutenu, au milieu, par quatre gros piliers, percés en diagonale, pour découvrir du point de centre les quatre chapelles rondes, séparées les unes des autres par une croix grecque dont les quatre parties, à peu près égales, sont construites, l'une au midi, où la principale entrée de l'église est placée; une à l'orient, une à l'occident, et la quatrième au nord. Les pilastres appliqués contre ces piliers, ainsi que les huit colonnes au-devant, sont de l'ordre corinthien, cannelés et exécutés dans la dernière perfection.

Ces colonnes, placées de chaque côté des portes qui communiquent aux quatre chapelles, supportent sur leur entablement quatre tribunes entourées de nouvelles balustrades dorées, telles qu'elles existaient anciennement. Près de là, un sanctuaire ovale unit cette église à l'ancienne par deux sacristies rondes qui y sont jointes de part et d'autre au-dehors, et par une ouverture au-dedans, où est l'emplacement du maître-autel.

MAITRE - AUTEL.

L'Hôtel des Invalides n'a point échappé tout entier aux ravages de la révolution. Le grand autel de marbre, ceux des chapelles du dôme, les statues que contenaient les niches de ces chapelles, la ceinture intérieure où sont placés les bustes de douze rois de France, les signes de la royauté qui ornaient les arcs doubleaux de la croix grecque, ainsi que les statues placées à l'extérieur du dôme, ont été détruits; et ce temple auguste, consacré au vrai Dieu, a été transformé en un temple de Mars.

En 1811, il fut ordonné que les bâtimens de l'Hôtel seraient rétablis selon le plan primitif; que le dôme serait redoré et l'autel de marbre reconstruit.

L'exécution de ces travaux, en grande partie terminés, a été suivie avec autant de zèle que de talent par MM. les officiers des bâtimens de l'Hôtel. Ils ont su concilier les mesures d'économie avec ce qu'exigeait la restauration du plus beau de nos monumens.

La lanterne et la flèche du dôme ont été redorées en 1813. Il a été établi, en 1816, un paratonnerre à l'extrémité de la croix qui surmonte cette flèche.

La coupole a été également redorée en 1813 (1).

Le maître-autel a été rétabli sur les dessins et sous la conduite de M. Bartholomé, architecte des Invalides. Le plan primitif a reçu quelques modifications qu'exigeait la perfection à laquelle les arts sont parvenus de nos jours.

Le style des anciennes colonnes torses, d'ordre composite, était peu en rapport avec le genre d'architecture qui décore le pourtour intérieur de l'édifice. Elles étaient groupées trois à trois.

On a reproduit, sur les colonnes droites qu'on a substituées aux colonnes torses, les guirlandes de pampre et d'épis de blé dont ces dernières étaient ornées.

Elles portaient un entablement sur lequel étaient six grandes figures et quatre enroulemens ornés de

(1) C'est ici le lieu de détruire l'opinion généralement répandue, que cette restauration a occasionné une dépense excessive ; elle s'est élevée (frais compris de pose et de dépose d'échafaudage) à la somme de 243,000 fr. environ.

compartimens qui, en se réunissant dans leur partie supérieure, recevaient un baldaquin enrichi de campanes, et terminé par un groupe de chérubins.

Au-dessus de l'entablement, et à plomb de chaque colonne, sont des anges de huit pieds de proportion : quatre de ces anges concourent à supporter les retroussis des rideaux d'un baldaquin richement orné de broderies fleurdelisées et garnies de campanes retroussées avec des glands ; les deux autres anges placés sur les colonnes, sont tournés du côté du tabernacle, tenant un encensoir à la main.

Au-dessus du nouveau baldaquin, on a placé, à peu près comme dans l'ancien, deux petits chérubins qui embrassent un globe surmonté d'une croix.

Les deux autels adossés ont été rétablis en marbre blanc, statuaire, et ornés de bas-reliefs et d'ornemens en bronze doré.

Le principal côté qui fait face au dôme, est décoré, comme l'ancien, d'un grand bas-relief formant devant d'autel ; il représente le Christ au bas de la croix, adoré par une des saintes femmes qui lui embrasse les pieds.

Les bas-reliefs des côtés représentent les attributs et les chiffres de la royauté. Sur l'autel est un socle en marbre blanc, servant de tabernacle ; le bas-relief placé en face représente un Jéhova dans une gloire entourée d'une couronne de feuilles de vigne et d'épis de blé, dans le genre des guirlandes des colonnes.

Sur les deux côtés latéraux sont des branches de lis croisées en couronne ; enfin, le bas-relief qui fait face à l'église offre une couronne formée par deux branches de palmier, au milieu de laquelle est gravé le chiffre de saint Louis (S L.) auquel cette église est dédiée.

L'autel qui fait face à l'église, étant plus bas de dix marches que celui du dôme auquel il est adossé, présente une face plus considérable ; la partie au-dessus de cet autel forme une espèce de stylobate dont le fond est divisé en losanges enrichies de roses en bronze doré.

Le tabernacle, qui est d'une grande proportion, est décoré de quatre colonnes corinthiennes, cannelées ; enfin, le devant de l'autel et ses côtés également en marbre blanc, sont enrichis de candélabres antiques, auxquels sont attachés des guirlandes de fruits ; au-dessus de ces guirlandes sont représentées des allégories ayant rapport au sacrifice de la sainte messe.

Tous ces ornemens, ainsi que ceux des corniches des deux autels, sont en bronze doré.

Les deux paliers du maître-autel du dôme, qui avaient été détruits, étaient en beaux pavés de mosaïque, en marbre de couleur, et rapportés. Ils ont été rétablis conformément à l'ancien dessin.

La balustrade du maître-autel est en fer poli, avec des ornemens en cuivre doré, et composée de six parties, divisées par des pilastres en forme de faisceaux d'une belle exécution.

Le maître-autel a été enlevé pour laisser libre le passage, lors de la translation des cendres de Napoléon sous le dôme. Il doit être rétabli.

A gauche, vers le milieu de la nef, est la chapelle consacrée à la Vierge.

A travers une arcade, on voit, dans une partie circulaire, la Vierge tenant l'enfant Jésus, et portée sur des nuages.

Cette statue est en ronde bosse, le jour qui l'éclaire vient d'en haut, et produit un bel effet.

CHAPELLE DE LA SAINTE VIERGE.

Elle est la première à droite.

TOMBEAU DU MARÉCHAL DE VAUBAN.

Dans l'emplacement de l'autel, au-dessus duquel était placée la statue en marbre de la Vierge, on a élevé, en 1807, un monument au maréchal de Vauban.

Il est décoré, dans le fond, d'une pyramide en stuc bleu turquin. Au bas est un soubassement en marbre sarancolin, sur lequel est un socle en marbre blanc, avec une table renfoncée en marbre noir, portant cette inscription : VAUBAN.

Au-dessus de ce socle, et au milieu des attributs de la fortification, s'élève une colonne en stuc noir, surmontée d'une urne funéraire en marbre blanc, dans laquelle est renfermé le cœur du maréchal. Le joint d'ouverture de cette urne est recouvert par un serpent en bronze, symbole de l'immortalité.

Sur le soubassement, sont des trophées en bronze, portant les attributs de la dignité de maréchal de France.

Cette chapelle a 11 mètres 35 cent. de profondeur sur 12 mètres de longueur et 18 mètres de hauteur.

Deux arcades communiquent aux chapelles de Saint-Ambroise et de Saint-Augustin.

Au-dessus de celle qui conduit à la chapelle de Saint-Ambroise, est un bas-relief représentant Saint-Louis ordonnant la construction des Quinze-Vingts.

Au-dessus de l'arcade qui mène à la chapelle de Saint-Augustin, on voit la prise de Damiette. Ce bas-relief est de Simon Hurtrelle.

Les deux figures de femmes qui sont placées sur l'archivolte de la croisée, représentent, l'une la prudence, et l'autre la tempérance.

Cet ouvrage est de Philippe Magnier.

CHAPELLE DE SAINTE THÉRÈSE

à gauche vis-à-vis de celle de la Sainte Vierge.

Elle a la même proportion que la précédente.

TOMBEAU DE TURENNE.

On a également établi dans l'emplacement de l'autel au-dessus duquel était la statue en marbre de la sainte, le beau tombeau de Turenne, qui était à Saint-Denis.

Ce monument est regardé avec raison par les connaisseurs comme un morceau de la plus belle ordonnance. La composition est de Le Brun, et l'exécution de Tuby.

Turenne est représenté expirant entre les bras de l'Immortalité qui tient une couronne de lauriers qu'elle élève vers le ciel. Aux pieds du maréchal est un aigle effrayé, symbole de l'empire, sur lequel ce héros avait remporté tant de victoires. Ce grand morceau, terminé par un obélisque en marbre veiné, a été sculpté par Tuby.

Au-devant du tombeau est un bas-relief en bronze, représentant la dernière action de Turenne, pendant la campagne de 1671, où, avec vingt-cinq mille hommes, il en battit en différentes occasions plus de soixante mille; et où, à la journée de Turkeime, il extermina une grande partie de l'armée ennemie, et contraignit l'autre à repasser le Rhin.

Marsy, autre sculpteur célèbre, a travaillé aux ornemens qui accompagnent ce tombeau. On voit de lui deux figures de femmes qui représentent la sagesse et la valeur.

Sur le soubassement, on lit cette modeste inscription : TURENNE.

C'est la seule que l'on jugea digne d'être placée sur la tombe de ce grand homme qui s'était immortalisé par ses hauts faits, et dont le nom était au-dessus de tous les éloges.

Les invalides ont apprécié dignement tout l'honneur qui a rejailli sur eux de posséder, dans leur enceinte, la cendre du héros à qui Louis XIV avait donné la sépulture des rois (1).

Sur les deux arcades qui communiquent aux deux chapelles latérales de Saint-Grégoire et de Saint-Jérôme, sont deux bas-reliefs. Au-dessus de celle qui conduit à la chapelle de Saint-Jérôme, on voit la translation que fit Saint-Louis de la couronne d'épines ; ce bas-relief est de corneille Vanclève ; sur l'arcade qui mène à la chapelle de Saint-Grégoire, est un bas-relief qui représente Saint-Louis touchant et guérissant des malades.

Cet ouvrage est de Philippe Magnier.

Les deux figures de femmes qui sont placées sur l'archivolte de la croisée, représentent, l'une la force, l'autre la justice.

Les quatre chapelles placées dans les angles, sont dans le même style d'architecture, et décorées des mêmes ornemens. Leur élévation est d'environ 24 mètres 65 cent. sur 10 mètres de diamètre. Huit colonnes engagées d'ordre corinthien, élevées sur des piédestaux à égale distance, ont, dans leur intervalle, trois arcades, trois niches, deux croisées, et portent un entablement, au-dessus duquel est une espèce de piédestal, ou d'attique, qui reçoit la

(1) Le 27 septembre 1800, le corps de Turenne a été transporté du Musée des monumens français dans le dôme des Invalides, sur un char pompeusement décoré. Le corps est placé dans le monument, ainsi qu'une boîte en acajou contenant deux inscriptions sur planches en cuivre, trouvées dans le tombeau à Saint-Denis, et plusieurs médailles frappées en l'honneur du maréchal.

naissance de la voûte. Il est revêtu de quatre groupes de figures en bas-relief.

Ces figures sont entre quatre avant-corps, ornées de sculptures, telles que des boucliers, des branches d'olivier, de laurier et de palmes entremêlées de tiges de lis, de rose et d'autres fleurs, suivant les différens symboles relatifs aux quatre pères de l'église, à qui ces chapelles sont dédiées.

Quatre tables saillantes s'élèvent dans la voûte, depuis les piédestaux ou avant-corps, jusqu'à la lunette qui forme la partie supérieure du cul-de-four de ces chapelles. Une riche bordure au-devant des tables saillantes porte des coquilles dans le haut des feuillages, et paraît soutenue par des figures d'anges, en relief, qui la parent de festons. Ces bordures sont séparées par quatre ouvertures de croisées, dont deux sont véritables et les deux autres feintes et ornées de peintures. Ces quatre ouvertures ont chacune un chambranle, et au-dessus, une tête de chérubin, avec des festons de fleurs.

Tels sont les ornemens d'architecture et de sculpture communs aux quatre chapelles placées à la droite et à la gauche de l'église du dôme.

—

CHAPELLE DE SAINT-GRÉGOIRE.

Sur l'archivolte de la porte qui conduit de cette chapelle dans celle dite de la Sainte-Vierge, sont placés deux anges en bas-relief, soutenant un médaillon qui représente le mariage de Saint-Louis.

Ce morceau est du sculpteur Lapierre.

Sur la porte du côté du sanctuaire est un autre bas-relief avec un médaillon soutenu par des anges, sur lequel on voit le légat donnant la croix à Saint-Louis, pour le voyage de la Terre-Sainte.

Sur la porte qui va au dôme, existe un médaillon en bas-relief, qui représente l'Espérance désignée sous la figure d'une femme, ayant une ancre auprès d'elle.

Cette figure est de Lecomte.

Sur les chambranles des croisées, devant le soubassement, sont des groupes de figures en bas-relief et dorées, qui représentent des anges assis sur des nuages, avec différens instrumens de musique, par Jean Paultier.

Il y a six tableaux dans la voûte inférieure, savoir :

Quatre dans les tables saillantes ornées de bordures, et deux dans les croisées feintes.

La seconde voûte est peinte entièrement au-dessus de la corniche qui lui sert de bordure, et d'où la voûte prend sa naissance.

Le premier tableau représente saint Grégoire distribuant tout son bien aux pauvres.

Le second, Eutichès converti par saint Grégoire, et brûlant ce qu'il avait écrit au sujet de la résurrection.

Le troisième, Jésus-Christ apparaissant à saint Grégoire.

Le quatrième, une procession ordonnée par saint Grégoire, pour faire cesser la peste dont Rome était affligée.

Le cinquième, l'apparition d'un ange à saint Grégoire.

Le sixième, la translation de ce saint pape.

Le septième, qui remplit la seconde voûte, saint Grégoire enlevé au ciel par des anges.

Tous ces tableaux sont de Michel Corneille, peintre et graveur.

CHAPELLE DE SAINT-JÉROME.

Les deux bas-reliefs dorés qui sont sous les croisées de cette chapelle représentent deux groupes de prophètes.

Ces figures sont de Nicolas Coustou.

Sur la porte qui conduit à la chapelle, dite de la Vierge, deux anges soutiennent un médaillon qui représente Saint Louis pansant les malades.

Ce bas-relief est de Jean Paultier, ainsi qu'un autre de même forme, placé sur la porte opposée, qui représente Saint Louis assistant à la sépulture de ceux qui avaient été tués en combattant contre les infidèles.

Sur la porte qui conduit de cette chapelle au dôme, est un bas-relief où l'on voit la Charité sous la figure d'une femme qui a des petits enfans auprès d'elle.

Deux bas-reliefs dorés, placés sous les tableaux de cette même chapelle, représentent deux groupes de prophètes.

Le groupe d'en bas est de Nicolas Coustou.

Les six tableaux qui décorent cette chapelle sont de Bon Boullogne, ainsi que celui qui remplit la petite voûte.

Le premier représente saint Jérôme visitant les tombeaux des martyrs, dans les environs de Rome.

On voit, dans le second, la cérémonie de son baptême, à Rome.

Dans le troisième, son ordination.

Dans le quatrième, la réprimande qu'il raconte avoir reçue de Jésus-Christ, à cause de son attachement aux auteurs profanes.

Dans le cinquième, on voit saint Jérôme retiré dans le désert.

Dans le sixième, il est représenté au lit de la mort.

L'état de béatitude et de gloire dont saint Jérôme va jouir après sa mort, est exposé avec un art et une expression admirables dans le grand morceau de peinture qui occupe toute la coupole de cette chapelle.

Sur la porte du dehors, près de la grande porte, le pape donne sa bénédiction à Saint Louis et à ses enfans.

Ce bas-relief est de François Spingola.

C'est dans cette chapelle qu'est déposé provisoirement le cercueil de Napoléon, jusqu'à l'érection du monument projeté au milieu du pavé en mosaïque, sous la coupole du dôme.

Un chapitre particulier, qui termine cet ouvrage, traite de tout ce qui a rapport à la translation des cendres de l'Empereur dans l'église de l'hôtel, et des honneurs funèbres rendus à sa mémoire.

CHAPELLE DE SAINT-AMBROISE,

à gauche près de l'entrée du sanctuaire, à côté de celle dite de Sainte-Thérèse.

Les deux bas-reliefs dorés, placés sous les croisées, représentent des concerts d'anges.

Ils sont d'Anselme-Florent de Saint-Omer et de Hardy.

Les deux bas-reliefs soutenant deux médaillons sont de différentes mains.

Le premier, où l'on voit Saint-Louis lavant les pieds à un pauvre, est de Jean Paultier.

Le second, qui représente la vision que Saint Louis eut de Jésus-Christ sous la figure d'un enfant dans l'eucharistie, est de Philippe Magnier.

Le bas-relief qui est placé sur l'ouverture de la chapelle, dans le grand dôme, représente l'Humilité.

Les tableaux dont cette chapelle est ornée sont encore de Bon Boullogne.

Le premier représente l'élection de saint Ambroise à l'évêché de Milan.

Le second, saint Ambroise imposant la pénitence à l'empereur Théodose.

Le troisième, la conversion d'un fameux Arien, par saint Ambroise.

Le quatrième, le même saint trouvant le corps de saint Nazaire, martyr.

Le cinquième, la guérison d'un possédé, par ce prélat.

Le sixième, la mort de ce saint évêque.

Le septième, qui remplit la coupole, saint Ambroise enlevé au ciel.

CHAPELLE DE SAINT-AUGUSTIN.

Les deux bas-reliefs placés sous les croisées de cette chapelle sont d'Anselme Flament.

Les deux médaillons qui représentent, l'un Saint Louis exposant à la vénération des peuples la partie de la vraie croix qu'il avait rapportée de la Terre-Sainte; l'autre, ce même prince donnant audience et rendant justice à son peuple, sont de Jean Paultier.

Le bas-relief placé sur l'ouverture de la chapelle dans le grand dôme, représente la Religion sous la figure d'une femme qui tient une croix, et qui a un modèle d'église auprès d'elle.

Ce morceau est du sculpteur Lapierre.

Les tableaux de cette chapelle sont de Louis Boullogne.

Le premier représente la conversion de saint Augustin.

Le second, son baptême.

Dans le troisième, on le voit prêchant à Hyponne devant l'évêque Valère.

Dans le quatrième, il est sacré évêque par Mégalius, primat de Numidie.

Dans le cinquième, il confond les Donatistes, dans

la conférence de Carthage, en présence de Marcellin, proconsul d'Afrique.

Dans le sixième, étant au lit de mort, il guérit un malade.

Et dans le septième, qui tient toute la coupole, on le voit enlevé dans le ciel par les anges.

Les quatre chapelles dont on vient de parler répondent au centre du grand dôme, dont les différens ornemens méritent une attention particulière.

Le pavé, en mosaïque, parfaitement conservé, est remarquable par le choix et les compartimens des marbres qu'on y a employés.

Les deux anges qui servent de support aux armes du roi, au-dessus de la grande porte d'entrée, sont de Corneille Vanclève.

L'écusson a été rétabli par M. Boichard.

Sur les ouvertures des quatre chapelles rondes, on remarque des bas-reliefs d'une grande beauté. On voit sur la porte de la chapelle de Saint-Grégoire, du côté du sanctuaire, Saint Louis servant les pauvres à table.

Ce bas-relief est de Pierre Legros.

Sur celle de Saint-Ambroise, de l'autre côté du sanctuaire, Saint Louis est représenté envoyant des missionnaires chez les infidèles.

Ce morceau est de Sébastien Slods.

Sur celle de Saint-Jérôme, près la grande porte, on voit le pape donnant la bénédiction à Saint Louis et à ses enfans.

Ce bas-relief est de François Spingola.

Et sur celle de Saint-Augustin, qui est vis-à-vis

de la chapelle de Saint-Jérôme, du côté de la grande porte, Saint Louis est représenté au lit de la mort, recevant l'extrême-onction.

Ce bas-relief est de Corneille Vanclève.

Sur les portes du milieu de ces quatre chapelles, dans le grand dôme, sont différens bas-reliefs.

Sur la porte de la chapelle de Saint-Grégoire, est un ange qui tient la sainte ampoule.

Cette figure est d'Antoine Flamant. L'ange qui tient le bouclier, au-dessus de la porte de la chapelle de Saint-Ambroise, est de Nicolas Coustou.

Un autre, qui est représenté tenant un casque sur la porte de la chapelle de Saint-Augustin, est d'Antoine Coysevox; et enfin celui qui tient une couronne d'une main et un drapeau fleurdelisé de l'autre, est de Corneille Vanclève.

Toute la voûte du grand sanctuaire de l'église du Dôme est peinte ou dorée. Deux magnifiques morceaux de Noël Coypel fixent d'abord l'attention des connaisseurs.

Le premier est un tableau de la Trinité, qui occupe toute la voûte de ce sanctuaire.

Le deuxième, qui est placé au-dessus du même sanctuaire, représente l'Assomption de la Sainte-Vierge (1).

Cette partie est éclairée par deux croisées, l'une à droite et l'autre à gauche. Dans leurs embrâsures, on voit des figures d'anges parfaitement groupés, qui semblent former des concerts de musique (2).

(1) Il a été restauré par Lafitte.
(2) Idem.

Le tableau qui est à droite a été peint par Bon Boullogne; celui de la gauche par Louis Boullogne.

L'espace occupé par les deux grands morceaux de Noël Coypel est un demi-cercle renfermé entre l'archivolte et les deux impostes de la grande arcade du chœur, et un arc doubleau rampant, en plein cintre sous la voûte, dont il termine les peintures de ce côté; ainsi il sépare le tableau de la Trinité de celui de la Sainte-Vierge. Cet arc doubleau, beaucoup plus élevé que l'arc du chœur, et une autre archivolte qui est vis-à-vis du midi, sont l'un et l'autre richement ornés de sculptures et entièrement dorés.

La sculpture est de Paul Boutet.

Les voûtes des quatre parties de la nef du Dôme forment quatre arcades, dans les pendentifs desquelles sont autant de tableaux représentant les quatre évangélistes, dans des bordures de plomb doré. Ces tableaux sont de Charles de la Fosse, élève de Le Brun (1).

Au-dessus des pendentifs, sont un entablement et un attique en mosaïque, ornés de médaillons en bas relief de douze de nos rois.

Ces portraits, qui étaient ceux de Clovis, Dagobert, Childebert, Charlemagne, Louis-le-Débonnaire, Charles-le-Chauve, Philippe-Auguste, Saint Louis, Louis XII, Henri IV, Louis XIII, et Louis XIV, avaient été détruits dans le cours de la

(1) Ils ont été restaurés par M. Lafitte. Les bordures ont été refaites dans un style plus approprié au genre d'architecture du dôme, et dorées.

révolution. En les rétablissant, on a substitué le portrait de Pépin-le-Bref à celui de Childebert (1).

Cet attique sert de soubassement à vingt-quatre pilastres d'ordre composite accouplés, entre lesquels sont douze croisées qui éclairent cette partie du dôme ; elles sont ornées de riches chambranles, avec consoles, d'où pendent des guirlandes.

Les pilastres servent à porter le dernier entablement, d'où la première voûte s'élève. Des arcs doubleaux ornés de cassettes remplies de roses, lesquels répondent aux pilastres de dessous, ont la même largeur par le bas, et se rétrécissent par le haut.

Entre les arcs doubleaux, au-dessus des vitraux, sont douze tableaux qui portent plus de 9 mètres de hauteur sur 3 mètres 80 cent. de large par le bas, et environ 2 m. 80 c. par le haut. Ces tableaux représentent les douze apôtres ; ils sont de Jean Jouvenet.

La corniche qui est au-dessus de ces tableaux, a sous son larmier un gros cordon orné de pampres

---

(1) Clovis, par . . . . Bosio.
Dagobert. . . . . Taunay.
Pépin-le-Bref. . . . . Cartellier.
Charlemagne. . . . . Rutxhiel.
Louis-le-Débonnaire. . . . . Bosio
Charles-le-Chauve. . . . . Cartellier.
Philippe-Auguste. . . . . Taunay.
Saint-Louis. . . . . Rutxhiel.
Louis XII. . . . . Taunay.
Henri IV. . . . . Rutxhiel.
Louis XIII. . . . . Bosio.
Louis XIV. . . . . Cartellier.

de vigne. Le milieu, qui est percé, forme une ouverture circulaire de 14 mètres 65 cent. de diamètre, à travers laquelle on découvre une seconde voûte, dans laquelle sont des jours pratiqués avec un art infini. Ces lumières ne sont pas aperçues de l'intérieur; on ne les voit que du dehors, dans l'attique du dôme.

C'est dans cette dernière voûte qu'on a placé le grand morceau de peinture qui sert de couronnement à tout l'ouvrage. Le peintre y a représenté Saint Louis, revêtu des ornemens de la royauté, entrant dans la gloire, environné d'anges, et présentant à Jésus Christ l'épée avec laquelle il a triomphé des ennemis du nom chrétien.

Ce riche tableau est de la plus grande et de la plus admirable exécution. C'est un des chefs-d'œuvre du célèbre Charles de La Fosse.

DOME EXTÉRIEUR.

Il forme un quadrilatère régulier, qui a 56 mètres en tous sens. Sa face principale est au midi, du côté de la plaine de Grenelle. On voit, au milieu, deux différens ordres d'architecture, ornés de colonnes et de pilastres : l'ordre dorique en bas, et l'ordre corinthien au-dessus. Un simple attique, orné de pilastres, est élevé sur l'ordre dorique, aux extrémités de la même face, et dans celle des deux côtés.

Un grand perron carré, de quinze marches, placé au milieu de la face principale, sert à monter sous le portique de l'église, qui est en avant-corps. Il est orné de six colonnes doriques, derrière lesquelles il y a un pareil nombre de pilastres. Quatre de ces colonnes sont sur le devant, et deux autres sont près de la porte de l'église.

Quatre autres colonnes, moins avancées que les quatre précédentes, accompagnent de part et d'autre deux niches, dans chacune desquelles est une statue de marbre blanc. L'une qui est vers l'occident, représente Saint Louis, en habit de guerre, ayant sur son manteau la croix dont il s'était revêtu pour la conquête de la Terre-Sainte; il s'appuie d'une main sur un bouclier, et de l'autre il porte la couronne d'épines; il a un turban sous ses pieds.

La statue qui est de l'autre côté, représente Charlemagne, la couronne de France sur la tête, et revêtu d'une cuirasse à la romaine; de la main droite il tient une épée nue, et de la gauche il s'appuie sur un globe surmonté d'une croix. Au-dessus de ce globe est un tronçon de palmier, aux pieds du prince est un casque.

Au-dessus de l'entablement dorique, s'élève un ordre corinthien de colonnes et de pilastres qui répondent à l'ordre de dessous.

Au-devant de deux pilastres attiques, sont quatre figures de femme, dont les deux qui sont les plus rapprochées du centre représentent la Justice et la Tempérance, et les deux plus éloignées, la Prudence et la Force.

L'avant-corps du milieu est terminé par un fronton, dans le tympan duquel on voit l'écusson des armes de France (1). Sur le sommet, existaient une croix et deux figures de femmes assises; l'une représentait la Foi, et l'autre la Charité.

Quatre autres figures de femmes, élevées de part et d'autre sur des socles, aux côtés du fronton, et au-dessus des quatre colonnes des extrémités de l'avant-corps, représentent, l'une la Confiance, l'autre l'Humilité, la troisième la Constance, et la quatrième la Magnanimité.

Au-dessous et entre les colonnes, sont deux trophées d'église.

Des deux côtés du fronton, et un peu au-dessous, dans tout le pourtour de l'église, règne une balustrade de pierre, à hauteur d'appui; au-dessus de l'entablement des corniches du second ordre, dans les quatre angles du bâtiment, on avait placé quatre groupes, chacun de deux figures, qui représentaient huit docteurs de l'Eglise, savoir: quatre de l'Eglise latine, et quatre de l'Eglise grecque (2).

Les deux faces latérales ont chacune un avant-corps au milieu du bâtiment, où sont des tables saillantes, qui portent l'entablement dorique sur lequel s'élève l'attique; quatre pilastres servent à porter un grand fronton, dont le milieu est rempli par les armes de France et par divers ornemens de sculpture.

(1) Cet écusson a été rétabli par M. Boichard.
(2) Ces groupes ont été détruits dans le cours de la révolution.

Rien ne peut être comparé à la richesse de la face principale : c'est elle surtout qui fixe l'attention par sa belle ordonnance et par le fini d'une exécution dont toutes les parties répondent parfaitement à la grandeur et à la beauté du dôme qui s'élève au-dessus.

Le dehors de ce dôme est décoré de quarante colonnes composites, posées sur un soubassement qui sert à élever tout l'édifice, pour en faire mieux voir, d'en-bas et d'un point de distance proportionné, toutes les parties.

Trente-deux de ces colonnes accompagnent huit massifs qui servent de piliers buttans au dehors; les huit autres sont accouplées au-devant de quatre trumeaux, dans le milieu des quatre axes des quatre faces du monument. Deux vitraux sont séparés par ces groupes de colonnes; d'autres vitraux semblables répondent à chaque angle du même carré, entre deux des huit massifs ou piliers buttans, ornés de colonnes. Ces douze vitraux, ainsi distribués, sont ornés d'un chambranle, d'une tête de chérubin, et couronnés d'une corniche sur laquelle est un vase, avec deux anges à côté.

Un attique, au-dessus de l'ordre composite, est décoré de douze croisées plein cintre; des festons de fleurs, attachés à des consoles qui servent de clef à ces ouvertures, pendent de part et d'autre sur leurs archivoltes; huit enroulemens en forme de consoles, ornés chacun, dans le haut, d'une tête de chérubin, et qui étaient accompagnés de part et d'autre, dans le bas, de deux grandes statues, contribuent beaucoup à l'embellissement de cet attique, et à la solidité de sa construction.

Les seize grandes statues représentaient un ancien prophète, saint Jean-Baptiste, les douze apôtres, saint Paul et saint Barnabé, apôtres des Gentils. Ces figures étaient placées, de même que les enroulemens, sur des piédestaux, au-dessus des huit grands massifs de l'ordre composite.

Une balustrade de pierre règne à la hauteur de ces piédestaux, sur la corniche du même ordre, pour servir d'appui à une plate-forme découverte, qui environne l'attique au dehors, et qui a son passage sur les enroulemens.

Pour servir d'amortissement à tous les massifs ornés de guirlandes et de têtes de chérubins dans l'attique, il y a sur la corniche des socles qui portent des candélabres. Derrière ces candélabres s'élève le centre du dôme; il est fait en manière de coupe renversée, et est d'une forme admirable. Les ornemens qui l'accompagnent sont d'une grande richesse. De larges côtes, qui répondent aux massifs de dessous, ont, dans leurs intervalles, de grands trophées d'armes en bas-relief, et, au-dessus, des guirlandes et autres ornemens de métal doré.

Au milieu de ces trophées sont des lucarnes formées par des casques, dont les visières servent à éclairer la charpente intérieure du dôme. Au-dessus du cordon où les trophées sont attachés, et où les côtes se terminent, est une campane très riche, qui s'étend jusqu'à un autre cordon, et à des consoles qui portent une plate-forme circulaire, d'où s'élève une lanterne environnée d'un balcon de fer, le tout entièrement doré.

Cette lanterne, qui est toute à jour, a quatre arcades et douze colonnes, dont quatre des plus saillantes sont isolées. Pour juger à peu près de la grandeur des parties les plus élevées de cet édifice, il suffit de savoir que les quatre statues qui couronnaient la lanterne et qui paraissaient à la vue, de moyenne grandeur, avaient cependant huit pieds de proportion.

La naissance de la grande calotte intérieure de ce dôme est construite en pierre et terminée en briques. Au-dessus est une immense et magnifique charpente, faite avec un art infini ; elle est revêtue de plomb, de manière à la garantir des injures du temps. Tout le pourtour de ce dôme est garni de dalles de pierres à recouvrement.

On a ménagé, pour l'écoulement des eaux, des conduits dans les noyaux des escaliers, d'où elles entrent dans l'aquéduc souterrain, et vont se perdre ensuite hors de l'Hôtel.

Telle est la description de ce dôme, qui, à lui seul, et dans la totalité de l'édifice, est un monument à part et qui n'a pas de rival.

Dans ce siècle, où les beaux-arts luttèrent de perfection, où chaque année voyait éclore de nouvelles merveilles, la construction du dôme des Invalides étonna, autant par sa magnificence que par la hardiesse de ses proportions. Louis XIV lui-même trouvait que Mansard s'était surpassé, et cet éloge, dans la bouche du grand roi, atteste combien il possédait le sentiment du vrai beau.

Et quand on pense que l'illustre artiste n'a pu réaliser que la moitié de son plan ; quand on pense que le dôme n'était destiné qu'à marquer le milieu de l'Hôtel ; que d'autres constructions et d'autres cours devaient être ajoutées aux premières ; enfin, qu'une seconde façade, plus majestueuse et plus vaste que celle de la rivière, devait relier le tout, on reste confondu d'admiration au souvenir du cachet de grandeur qui présidait à toutes les créations de cette mémorable époque.

L'église de l'Hôtel a repris son ancien nom de paroisse Saint-Louis.

Le soin de tout ce qui concerne le service divin, et les exercices spirituels est confié à un curé et à trois chapelains.

On a attaché en outre, à l'exercice du culte, le nombre de personnes nécessaires pour que la célébration du service divin eût lieu avec toute la pompe et la dignité convenables. De quels sentimens n'est-on pas ému, lorsqu'on voit ces vieux soldats prosternés au pied des autels, prier Dieu ardemment pour le monarque vénéré, leur auguste bienfaiteur, les rois ses nobles héritiers, et pour la gloire et la prospérité de la France?

INHUMATIONS.

Les honneurs funèbres sont rendus aux officiers invalides suivant leur grade.

Les officiers, sous-officiers et soldats invalides

décédés, après avoir été présentés à l'église, étaient conduits, dans un char, au cimetière consacré spécialement à leur sépulture, et situé à Vaugirard.

Ils sont maintenant inhumés au cimetière du Mont-Parnasse.

ADMISSION.

L'admission aux Invalides est accordée, conformément à la loi, aux militaires des troupes de terre et de mer qui ont soixante ans d'âge et trente ans de services effectifs, ou atteints de blessures ou infirmités équivalentes à la perte totale de l'usage d'un membre. Les marins y sont reçus sur la proposition du ministre de la marine, qui fait verser le montant de la pension destinée à leur entretien dans la caisse de la dotation des invalides de terre.

ORGANISATION MILITAIRE.

Les militaires invalides sont répartis en douze divisions de deux à trois cents hommes, dans de grandes salles ou des chambres séparées, sous le commandement

D'un chef,
D'un adjudant,
D'un sous-adjudant,
Et d'autant de chefs de chambrée que la disposition des localités l'exige. On nomme poêle le lieu

affecté, dans les divisions, à la réunion des invalides. Chaque invalide couche seul.

Les officiers forment une division séparée ;

Ils sont logés dans le corps de bâtiment que Louis XV leur a fait élever en 1749.

INVALIDES MOINES LAIS (1).

Les invalides qui, par leur caducité ou la nature de leurs infirmités, ne peuvent se servir eux-mêmes, et ont besoin de soins particuliers, sont répartis dans deux divisions, dans l'enceinte de l'infirmerie, sous le titre de moines-lais. Ils reçoivent les mêmes rations de vivres que les hommes en santé, bien que leurs alimens soient préparés à la cuisine de l'infirmerie.

Ils sont servis par des infirmiers.

SERVICE MILITAIRE.

Les invalides font le service militaire de tous les postes de l'intérieur. Ces postes ont été placés dans les endroits les plus convenables pour veiller à la tranquillité, à la sûreté et à la conservation de l'Hôtel.

(1) Les invalides, avant l'établissement de l'Hôtel, étaient entretenus dans les monastères : c'est de là que vient la dénomination de moines-lais.

SOLDE DES MENUS BESOINS.

Les officiers, sous-officiers et soldats invalides jouissent d'une solde, par mois, fixée d'après leur grade, et destinée à pourvoir à leurs menus besoins.

CANONNIERS.

Ils sont choisis, ordinairement, parmi les invalides qui ont servi dans l'artillerie, et sont logés ensemble. Ils reçoivent une haute paie, indépendamment de la solde de menus besoins.

SUBSISTANCE.

L'ordinaire des officiers, sous-officiers et soldats, est réglé conformément aux dispositions du titre V du décret du 25 mars 1811, sauf quelques améliorations importantes introduites dans le marché de l'entreprise actuelle, qui comprend tout ce qu'il a été possible de prévoir pour assurer le bien-être des militaires invalides, conformément aux intentions du roi.

HEURES DES REPAS.

Les officiers supérieurs et officiers-majors sont servis dans leurs chambres.

Les capitaines, lieutenans titulaires, et les chefs

de division, mangent au réfectoire, à des tables de douze couverts.

Le dîner est fixé à une heure.

Le souper est fixé à sept heures.

Les officiers mangeant au réfectoire sont servis en couverts d'argent et en porcelaine.

L'impératrice Marie-Louise a fait don, pour leurs tables, d'un beau service en argenterie, consistant en douze soupières rondes avec leurs couvercles et leurs plateaux, plats et accessoires.

Les sous-officiers et soldats mangent également aux réfectoires ; ils sont douze à chaque table.

Leur grand nombre ne permettant pas qu'ils prennent tous ensemble leurs repas, ils sont servis aux différens intervalles ci-après indiqués :

DINER.

Premier service à dix heures.
Deuxième service à dix heures et demie.

SOUPER.

Premier service à quatre heures et demie.
Deuxième service à cinq heures.

Un autre dîner a encore lieu à midi, et un souper à six heures.

Trois régals annuels sont accordés aux militaires invalides des deux établissemens, l'un le jour de la fête du roi, l'autre le jour des Rois, le troisième à l'anniversaire des journées de Juillet.

UNIFORME.

L'uniforme adopté pour les invalides, en 1775, et continué jusqu'à ce jour, avait subi antérieurement des variations successives, dans le but de le rapprocher, autant que possible, de celui des troupes. On lui avait donné, aux revers près, la forme de l'habit que l'armée portait à cette époque.

Le ministre de la Guerre, ayant reconnu les avantages qui lui ont été proposés par l'un des derniers gouverneurs, sous les rapports de l'amélioration de la tenue, et de la conservation de la santé des militaires, a déterminé, de la manière suivante, le nouvel uniforme pour tous les grades :

1° Un habit, frac de drap bleu, sans revers ;
— à collet droit de même couleur ;
— à parements ronds, de drap rouge-garance ;
— à poches figurées en long, au moyen d'un passepoil en drap écarlate.

La doublure est de cadix rouge-garance.

Les boutons sont de métal blanc.

Chaque parement est ouvert en dessous, et se ferme au moyen de trois petits boutons.

Ces boutons portent les mots : *Hôtel royal des Invalides.*

2° Un gilet rond en drap bleu, à poches et à

manches, garni de dix petits boutons blancs dans la longueur.

3° Un pantalon de drap bleu, pour les officiers et pour les soldats.

4° Un chapeau à trois cornes, uni, garni d'un bouton blanc, d'une ganse blanche et d'une cocarde.

Le drap de l'uniforme des officiers est d'une qualité supérieure.

Les marques distinctives de tous les grades sont les mêmes que pour l'armée.

Indépendamment de ces marques distinctives, l'habit des officiers invalides, officiers-majors et de division, porte, savoir :

Celui des adjudans majors, trois boutonnières en or au collet, et des épaulettes de capitaine également en or.

Celui des sous-adjudans majors, deux boutonnières en or, et des épaulettes de lieutenant.

Celui des officiers invalides, depuis le grade de colonel jusqu'à celui de lieutenant, neuf boutonnières en argent, de chaque côté de la croisure du frac.

Et celui des chefs, adjudans et sous-adjudans de division, trois, deux, et une boutonnière en argent au collet.

—

VEUVES DE MILITAIRES INVALIDES.

Un fonds de 15,000 francs est réparti à titre de secours à ces veuves.

ÉLÈVES TAMBOURS.

Ils sont au nombre de dix-huit, et reçoivent, dans une école établie à l'Hôtel et entretenue à ses frais, les premiers élémens d'instruction.

PENSIONS AUX SERVANS.

Il est accordé des pensions, à titre de secours, aux servans employés aux infirmeries, aux salles de moines-lais et aux cuisines, ainsi qu'à certains employés subalternes de l'administration, qui ont consacré la plus grande partie de leur existence au service des invalides, ou qui, par suite de blessures ou d'infirmités contractées dans le service, sont hors d'état de le continuer.

CONSEIL D'ADMINISTRATION.

Le Conseil d'administration a pour président le gouverneur, et pour membres de droit :
Le commandant ;
Le major ;
Le Sous-Intendant militaire,
Et le secrétaire-général archiviste, trésorier.
Les membres élus sont :
Un officier supérieur ;
Un adjudant-major,
Et deux chefs de division qui ont des suppléans.
Le Ministre de la Guerre en prend la présidence toutes les fois qu'il le juge convenable.

ENTREPRISE GÉNÉRALE.

Un seul entrepreneur est chargé,

1° De la subsistance des militaires invalides inscrits sur les contrôles de l'Hôtel et de la succursale d'Avignon et de celle des sœurs hospitalières;

2° Du chauffage et de l'éclairage des deux établissemens;

3° Du service des infirmeries et des pharmacies;

4° Des fournitures de l'habillement et du petit équipement;

5° De l'entretien et du renouvellement du mobilier, ainsi que de l'entretien, du renouvellement et du blanchissage du linge;

6° De la propreté et du nettoiement, ainsi que de l'arrosement des cours et terrains qui en dépendent;

7° Du service de la pompe et de la fourniture d'eau de rivière;

8° De la conservation des approvisionnemens de réserve en blé;

9° Des fournitures extraordinaires qu'exigent les besoins du service et les différentes natures d'infirmités des invalides.

FONCTIONNAIRES DE L'ÉTABLISSEMENT.

Un maréchal de France, gouverneur.
Un lieutenant-général, commandant l'Hôtel.
Un sous-intendant militaire.
Un agent de surveillance.

Un secrétaire général archiviste, trésorier, bibliothécaire, chargé de la gérance du matériel de l'artillerie et de l'armement.

Un major, colonel ou lieutenant-colonel.
Trois adjudans-majors.
Trois sous-adjudans-majors.

SERVICE DE SANTÉ.

1 médecin
1 chirurgien } principaux.
1 pharmacien
1 chirurgien aide-major.
6 chirurgiens sous-aides.
1 adjudant en premier.
1 adjudant en second.

SERVICE DU CULTE.

1 curé.
1 premier chapelain.
1 deuxième idem.

BATIMENS.

1 architecte.
1 inspecteur-vérificateur.

SUCCURSALE D'AVIGNON.

Les invalides admis dans cet établissement y jouissent des mêmes avantages que ceux qui résident à l'Hôtel.

ÉTAT-MAJOR.

1 maréchal-de-camp, commandant.
1 sous-intendant militaire (celui du département de Vaucluse en remplit les fonctions).
1 médecin ordinaire.
1 chirurgien-major.
2 chirurgiens sous-aides-majors.
1 pharmacien aide-major.
1 aumônier.

FUNÉRAILLES

DE L'EMPEREUR NAPOLÉON.

15 DÉCEMBRE 1840.

Nous croirions n'avoir qu'incomplètement rempli la tâche que nous nous sommes imposée, si nous n'entrions pas ici dans quelques détails sur le nouvel éclat que vient de donner à l'Hôtel des Invalides le choix que le pays en a fait pour la sépulture de Napoléon. Le dernier vœu du grand homme est exaucé. Il repose sur les bords de la Seine, et sa grande ombre aura désormais pour gardiens ces vieux guerriers dont il a assuré le bien-être, après avoir élevé si haut la gloire de leurs exploits.

La loi qui avait pour objet de recueillir et de ramener en France ses restes mortels ayant été votée, le gouvernement a sur-le-champ ordonné une expédition dont le commandement a été confié à S. A. R. le prince de Joinville.

Nous ne reproduirons dans leur ordre que quelques unes des principales circonstances de ce grand événement.

La frégate *la Belle-Poule*, disposée pour sa pieuse destination, appareille le 7 juillet 1840, escortée par la corvette la *Favorite*.

Le 30 novembre suivant, on apprend que la mission est terminée (1), et que la flottille mouille à Cherbourg, à 5 heures du matin.

Le précieux dépôt en part le 8 décembre. Le maire, au nom de cette ville, dépose une branche de laurier d'or sur le cercueil, au moment où il est transbordé sur la *Normandie*. Une salve de 101 coups de canon, tirée de la digue et des forts, donne le signal du départ.

Pendant la traversée de Cherbourg à l'entrée de la Seine, le corps est recouvert du manteau impérial. La nouvelle expédition se compose de la *Normandie* portant le catafalque, du bâtiment à vapeur le *Véloce*, pour faire le salut à l'entrée en Seine, et du bâtiment à vapeur le *Courrier*.

Le 9 au soir, à l'arrivée sur la rade du Havre, le *Véloce* est remplacé par le bateau à vapeur la *Seine*.

Dans la nuit du 9 au 10, l'expédition venue de Cherbourg, entre au Val-de-la-Haye, à trois lieues au-dessous de Rouen.

Le 10 au matin, paraît la flottille des bateaux à vapeur de la Haute-Seine, composée des *Trois-Dorades*, des *Trois-Etoiles*, de l'*Elbeuvien*, du *Parisien*, de la *Parisienne* et du *Zampa*.

Le cercueil est alors retiré de la *Normandie* et placé à bord de la *Dorade*, sous un catafalque de velours violet, décoré d'aigles et d'abeilles d'or.

Dans la matinée du même jour, la *Dorade* arrive à

(1) Voir d'ailleurs le journal de M. le baron de Las Cazes et celui de M. l'abbé Coquereau; le premier, membre, et le second aumônier de la commision.

Rouen, où la garde nationale et la garnison, échelonnées sur les deux rives de la Seine, lui rendent les honneurs militaires.

Après deux heures de séjour, le cortége se remet en route pour ne s'arrêter qu'à Pont-de-l'Arche, où il passe la nuit.

Le 11, il est à Vernon.

Le 12, à Mantes.

Le 13, à Maison-sur-Seine.

Le 14 au matin, le cercueil est transporté de la *Dorade* sur le bateau impérial arrivé la veille de Paris.

Ce navire, construit exprès pour la cérémonie, est long de 24 mètres, et large de 8 ; il est surmonté d'un temple funèbre, en boiseries bronzées, et garni de draperies. Le tapis est en velours violet, semé d'abeilles d'or ; le plafond en satin blanc, orné de broderies d'or. Aux angles du couronnement, quatre aigles dorés soutiennent de longues guirlandes d'immortelles ; quatre cariatides dorées décorent l'entrée du temple. Au-dessous est déposé le cercueil de l'Empereur, recouvert d'un poêle impérial. A l'arrière du bâtiment, flottent des banderolles tricolores, où sont inscrits les noms des victoires de Napoléon. Tout autour du temple, règnent des trépieds de forme antique, d'où s'échappent l'encens et des parfums ; enfin, des guirlandes d'immortelles s'enlacent autour du bateau, dont l'avant est surmonté d'un immense aigle d'or, qui semble ramener triomphalement son glorieux maître.

Le transbordement terminé, un bateau à vapeur

portant deux cents musiciens dirigés par M. Habeneck, chef d'orchestre de l'Académie royale de musique, vient se placer au-devant de la flotille impériale. Ce bateau prend la tête de l'expédition, et pendant tout le reste de la route, exécute des marches funèbres et des symphonies militaires, composées pour cette solennité, par MM. Aubert, F. Halévy et Adolphe Adam.

Le 14 au soir, l'expédition s'arrête à Courbevoie, dernière station de son itinéraire.

C'est au débarcadère de Courbevoie que le cercueil touche pour la première fois la terre de France.

Sur le rivage, à gauche du pont de Neuilly, s'élève un temple funèbre servant de débarcadère à la flotille.

A l'extrémité de ce pont, on trouve une magnifique colonne rostrale, et sur le pont même, une statue représentant Notre-Dame de Grâce, devant laquelle les marins de la *Belle-Poule* s'inclinent pour la remercier de leur avoir accordé un bon et glorieux voyage.

Le mardi 15, au point du jour, le cercueil est retiré du bateau impérial par les marins de la *Belle-Poule*, et placé sur le char impérial.

Le char impérial résume toute la pensée de la cérémonie.

Douze statues, représentant autant de victoires, rapportent triomphalement le cercueil du héros appuyé sur un immense bouclier. Elles sont placées sur un piédestal entouré de quatre faisceaux d'armes, et décoré de longues draperies violettes, rehaussées d'abeilles, d'aigles, de foudres et de lauriers en or. Le piédestal repose lui-même sur un soubassement décoré d'aigles, de couronnes de laurier, de l'N impériale, et porté sur quatre roues rappelant la forme de celle des chars antiques. Les statues, les trophées, les roues, ainsi que tous les ornemens du char, sont entièrement dorés.

A l'arrière du char, sur un trophée de drapeaux, de palmes et de lauriers, sont reproduits les noms des victoires de Napoléon.

Sur le cercueil, sont déposés la couronne impériale, le sceptre et la main de justice en or rehaussés de pierreries.

Le char est attelé de seize chevaux noirs, disposés en quatre quadriges. Ils sont ornés de panaches blancs, de crinières en plumes blanches flottantes, et entièrement recouverts de caparaçons de drap d'or. Chaque housse est relevée par les armoiries impériales brodées en pierreries et par des aigles, des N et des lauriers émaillés sur les fonds. Seize piqueurs, aux livrées impériales, conduisent les quadriges; deux piqueurs à cheval les précèdent. La hauteur totale du char est de 10 mètres, sa largeur de 4 mètres 80 centimètres, sa longueur de 10 mètres. Il pèse treize mille kilogrammes.

Au moment où le cercueil est placé sur le char, il est salué par une salve de vingt-un coups de canon, et le cortége se met en marche au son des cloches de toutes les églises de Paris, et du bourdon de l'église métropolitaine.

CORTÉGE.

La garde nationale du département de la Seine forme la haie des deux côtés de la route de Neuilly, depuis le pont jusqu'à la barrière de l'Etoile ; elle s'étend ensuite, seulement sur le côté droit du passage du cortége, jusqu'à l'esplanade des Invalides, où elle forme de nouveau la haie, des deux côtés, jusqu'à la grande grille de l'Hôtel.

La haie formée par la troupe de ligne a sa droite à la barrière de l'Etoile, et sa gauche sur le quai d'Orsay.

Au départ de Neuilly, la batterie d'artillerie, placée aux abords du pont, exécute une salve d'honneur de vingt-un coups de canon.

Le cortége se rend à Paris par le pont de Neuilly, la route de Neuilly, l'Arc-de-Triomphe.

Sur la plate-forme de l'Arc-de-Triomphe, et formant couronnement, est l'apothéose de Napoléon, ainsi composée : l'Empereur, vêtu en grand costume impérial, comme au jour de son sacre, se tient debout devant son trône ; à ses côtés, sont deux figures qui représentent le génie de la Guerre et celui de la Paix. Ce groupe est posé sur un socle d'une grande proportion, orné de guirlandes et de trophées d'armes de toute espèce, rappelant les victoires de Napoléon ; la plate-forme porte en outre à chaque angle un énorme trépied brûlant en flammes de couleur. Enfin, aux quatre coins du monument, sont deux Renommées à cheval représentant la Gloire et la Grandeur. L'Arc-de-Triomphe est décoré, depuis le sommet jusqu'à terre, de guirlandes et de festons ; il est entouré de mâts et de bannières pavoisés.

A son arrivée devant l'Arc-de-Triomphe, le char est salué de nouveau par une salve de vingt-un coups de canon.

ORDRE DU CORTÉGE.

Au premier coup de canon tiré par l'artillerie établie à Neuilly, le cortége se met en marche dans l'ordre suivant :

La gendarmerie de la Seine, avec trompettes, le colonel en tête.

La garde municipale à cheval, avec étendard et trompettes, le colonel en tête.

Deux escadrons du 7e lanciers, avec étendard et musique, le colonel en tête.

Le lieutenant-général, commandant la place de Paris, et son état-major, auquel se joignent les officiers en congé.

Un bataillon d'infanterie de ligne, avec drapeau, sapeurs, tambours et musique, le colonel en tête.

La garde municipale à pied, avec drapeau et tambours, le lieutenant-colonel en tête.

Les sapeurs-pompiers, avec drapeau et tambours, le lieutenant-colonel en tête.

Deux escadrons du 7e lanciers, le lieutenant-colonel en tête.

Deux escadrons du 5ᵉ de cuirassiers, avec étendard et musique, le colonel en tête.

Le lieutenant-général, commandant la division, et son état-major.

Les officiers de toutes armes, sans troupe, employés à Paris au ministère et au dépôt de la guerre.

L'école spéciale et militaire de Saint-Cyr, son état-major en tête.

L'école d'application-d'état-major, son état-major en tête.

L'école Polytechnique, son état-major en tête.

Un bataillon d'infanterie légère, avec drapeau, sapeurs, tambours et musique, le colonel en tête.

Deux bataillons d'artillerie.

Le détachement du 1ᵉʳ bataillon de chasseurs à pied.

Les sept compagnies du génie cantonnées dans le département de la Seine, formant un bataillon, sous les ordres d'un chef de bataillon.

Quatre compagnies de sous-officiers vétérans.

Deux escadrons du 5ᵉ de cuirassiers, le lieutenant-colonel en tête.

Quatre escadrons de la garde nationale à cheval, avec étendard et musique, le colonel en tête.

Le maréchal commandant supérieur, et son état-major.

La 2ᵉ légion de la garde nationale de la banlieue.

La 1ʳᵉ légion de la garde nationale de Paris.

Deux escadrons de la garde nationale à cheval, le lieutenant-colonel en tête.

Un carrosse pour l'aumônier venant de Saint-Hélène.

Le corps de musique funèbre.

Le cheval de bataille de l'Empereur, portant la selle et le harnachement qui servaient à Napoléon, lorsqu'il était premier consul. Cette selle, conservée dans le garde-meuble de la couronne, est en velours amarante brodé d'or ; la housse et les chaperons sont brodés avec la même richesse : on y remarque les attributs du commerce, des arts, des sciences, de la guerre, brodés en soie de couleur dans la bordure. Le mors et les étriers sont en vermeil et ciselés ; l'œil des étriers est surmonté de deux aigles qui y ont été ajoutés sous l'empire. Le cheval est recouvert d'un crêpe violet semé d'abeilles d'or.

Les officiers-généraux de l'armée de terre, qui se trouvent à Paris.

Les officiers-généraux et autres de la maison royale.

Un peloton de 24 sous-officiers décorés, pris dans la garde nationale à cheval, dans les corps de cavalerie, d'artillerie, d'infanterie de ligne et de la garde municipale, sous les ordres d'un capitaine de l'état-major-général de la garde nationale.

Un carrosse attelé de quatre chevaux, destiné à la commission de Sainte-Hélène.

Un peloton de 34 sous-officiers décorés, pris dans l'infanterie de la garde nationale, dans l'infanterie de ligne et de la garde municipale, et dans les sapeurs-pompiers, sous les ordres d'un capitaine de l'état-major-général de la garde nationale à pied.

Les maréchaux de France.

Les 86 sous-officiers portant les drapeaux des départemens, sous les ordres d'un chef d'escadron de la division.

S. A. R. le prince de Joinville et son état-major.

Les 500 marins arrivés avec le corps de l'Empereur. Ce détachement devant former l'escorte du corps jusqu'à sa remise à l'Hôtel Royal des Invalides, entoure le char impérial, en marchant sur deux files qui s'étendent de chaque côté, sur toute sa longueur.

Le char funèbre, deux maréchaux, un amiral, et le lieutenant-général Bertrand, à cheval, portant chacun un cordon d'honneur fixé au poêle impérial.

Les anciens officiers civils et militaires de la maison de l'Empereur.

Les préfets de la Seine et de police, les membres du conseil-général, les maires et adjoints de Paris et des communes rurales.

Les anciens militaires de la garde impériale en uniforme et qui se sont fait reconnaître; la députation d'Ajaccio, les officiers en retraite, en uniforme.

La garde nationale et les troupes de ligne, infanterie, cavalerie et artillerie, qui forment la haie, suivent immédiatement le cortége, en rompant alternativement de chaque côté.

La marche du cortége est formée depuis le pont

de Neuilly jusqu'à l'esplanade des Invalides, ainsi qu'il suit :

Un escadron du 1ᵉʳ de dragons, le lieutenant-colonel en tête.

Le lieutenant-général Schneider, commandant la division hors Paris, et son état-major.

Le maréchal-de-camp Hecquet, commandant la 4ᵉ brigade d'infanterie hors Paris.

Un bataillon du 3ᵉ de ligne, avec drapeau, sapeurs et musique, le colonel en tête.

Les deux batteries d'artillerie établies à Neuilly.

Un bataillon du 35ᵉ de ligne, le lieutenant-colonel en tête.

Le maréchal-de-camp de Lawoëstine, commandant la brigade de cavalerie de Paris.

Deux escadrons du 1ᵉʳ de dragons, avec étendard et musique, le colonel en tête.

Le cortége traverse successivement.

1° l'avenue des Champs-Elysées, décorée dans toute sa longueur de mâts, de bannières, de trophées, et de douze statues représentant des Victoires ;

2° La place et le pont de la Concorde, décorés de huit autres statues, et, à chaque angle, d'une colonne triomphale ;

3° La place de la chambre des députés, dont le perron est orné par une figure de la France, statue colossale exécutée par Cortot ;

4° Le quai d'Orsay ;

5° Et enfin l'esplanade des Invalides. Sur les côtés de l'Esplanade, on a élevé d'immenses estrades contenant trente-six mille spectateurs. L'avenue est décorée de trente-deux statues : Clovis, par Bosio; Charles Martel, par Debay; Philippe-Auguste, par Etex ; Charles V, par Dantan aîné ; Jeanne-d'Arc, par Debay; Louis XII, par Lanneau ; Bayard, par Guillot; Louis XIV par Robinet; Turenne, par Toussaint ; Duguay-Trouin, par Bion ; Hoche, par Charnet ; La Tour-d'Auvergne, par Cavelier; Kellermann, par Brun ; Ney, par Garreau ; Jourdan, par Dusseigneur; Lobeau, par Schez ; Charlemagne, par Maindron ; Hugues Capet, par Etex ; Louis IX, par Dantan aîné ; Charles VII, par Bion; Du Guesclin, par Hussan ; François Iᵉʳ, par Lanneau ; Henri IV, par Auvray; Condé, par Daumas ; Vauban, par Lallouet; Marceau, par l'Evêque ; Desaix, par Jouffroy ; Kléber, par Limand ; Lannes, par Klagman; Masséna, par Briand ; Mortier, par Millet ; Macdonald, par Bosio.

Entre les statues de l'esplanade sont des trépieds d'où jaillissent des flammes.

A deux heures un quart, le char est arrivé devant la porte Royale de l'Hôtel des Invalides.

Dès sept heures du matin, les vastes amphithéâtres construits des deux côtés de l'avenue conduisant à la grille avaient commencé à se couvrir de spectateurs, que la certitude d'attendre pendant huit heures au moins, par un froid rigoureux, n'avait pu décourager.

La décoration funèbre des porches de la cour Napoléon consistait en une tenture noire bordée d'argent. Sur des boucliers appendus aux parois, on distinguait le chiffre de l'Empereur. Cette cour était entourée d'estrades destinées à plus de six mille personnes.

Sur les pilastres de la nef, on avait appliqué des cippes funéraires à la mémoire des généraux et maréchaux de l'empire morts à diverses époques. Des drapeaux flottaient aux angles des pilastres.

Les grandes croisées supérieures du dôme étaient fermées par douze stores en velours violet, au centre desquels avaient été figurés douze aigles en or, qui formaient une riche couronne. Au-dessous, régnait une large bande violette, aux armes impériales, parsemée d'abeilles d'or et de chiffres ; plus bas, se développait un cordon de lumières provenant de torches de cire supportées par un couronnement en sculptures dorées.

A ce couronnement étaient suspendues vingt-quatre bannières tricolores, sur lesquelles étaient inscrits les noms des grandes victoires impériales. Plus bas, on apercevait, sur les grands arcs du dôme, des guirlandes de lauriers entrelacés.

Au-dessus de l'entablement du premier ordre, régnait un deuxième cordon de lumières développé dans toute l'étendue du dôme. Venaient ensuite, et jusqu'au bas, des tentures en drap ou velours violet, étincelantes d'arabesques, d'abeilles, d'aigles et de chiffres d'or, et enfin trois grandes bannières aux armes du roi.

Le catafalque se composait d'un soubassement décoré de trophées ; quatre colonnes supportaient une coupole dont l'intérieur était décoré de satin blanc ; l'extérieur était tout revêtu d'or. Le catafalque avait seize mètres de haut ; un aigle doré, déployant ses immenses ailes, planait sur ce monument

Les gardes nationaux du 1ᵉʳ bataillon de la 10ᵉ légion, designés par le sort pour faire le service de l'intérieur, attendaient, l'arme au bras, le cercueil qui, de la grille des Invalides, fut transporté par les marins de la *Belle-Poule* jusqu'à l'entrée de l'église.

Là, près du roi, sous le grand dôme de Louis XIV, et dans les chapelles latérales, la reine, les princes, ce qui avait survécu des vaillans capitaines de l'empire, les chambres législatives, l'institut, les grands corps de la magistrature, etc., etc., en un mot, les sommités de l'État se trouvaient rassemblées, toutes attendant avec respect les cendres du grand homme auquel, après tant d'années d'exil, il leur était enfin permis de rendre les derniers honneurs.

Le prince de Joinville s'approcha alors du Roi des Français, et lui dit au milieu d'un profond silence: *Sire, je vous remets les restes mortels de l'Empereur Napoléon.* Sa Majesté répondit : *Je les reçois au nom de la France.*

La mission de la *Belle-Poule* était terminée.

Les quatre maréchaux de France, désignés pour accompagner le cortége de Neuilly jusqu'à Paris, ayant pris place non loin de leur illustre camarade, l'octogénaire maréchal Moncey, la cérémonie religieuse commença aussitôt. Le requiem de Mozart, son exécution confiée à l'élite de nos artistes, les salves d'artillerie qui se succédaient sans interruption, le recueillement général, enfin les larmes de quelques invalides, vieux débris de *ces temps héroïques*, la prolongèrent jusqu'à près de 5 heures du soir.

Il n'y a pas de peinture pour de pareilles pompes, et les mots manqueraient aux choses, si on voulait essayer de décrire cette morne magnificence. Les spectacles vraiment grandioses ne se voient que dans la nature ou dans la majesté de l'histoire.

Passé brillant et douloureux, gloires et catastrophes immenses, triomphes et humiliations, un seul jour évoquait tous ces souvenirs.

Bientôt après, le public fut admis à voir le catafalque, et on peut sans exagération évaluer à plus d'un million le nombre des visiteurs que l'Hôtel des Invalides reçut à cette occasion.

On s'est empressé de disposer la chapelle, dédiée à Saint-Jérôme, pour recevoir le cercueil de Napoléon provisoirement et jusqu'à l'érection du monument, dont la place est marquée au milieu du pavé en mosaïque du grand dôme.

Toutes les colonnes corinthiennes de cette chapelle sont revêtues de velours violet avec ornemens dorés; les chapitaux et les bases sont également dorés, et les piédestaux sont de marbre sérancolin.

Dans les entrecolonnemens, les fenêtres sont bouchées et façonnées en panneaux ornés de tentures de velours violet, parsemées d'abeilles d'or en relief, garnies d'une bordure et d'une frange d'or. Dans le panneau du centre, on a transporté la croix, et dans les quatre autres les trophées d'armes dorés qui ont servi à décorer le catafalque.

Au-dessus de l'ordre, la litre parsemée de couronnes, avec des N au milieu, descend par des franges d'argent sur la corniche autour de la chapelle, et tout autour règne un cordon de couronnes d'ifs et de cyprès rehaussées d'imortelles, qui entourent des boucliers portant des noms de batailles et où se mêlent aux armes romaines les armes de l'empire; puis au-dessous entre chaque colonne apparaissent de magnifiques urnes funéraires.

La porte d'entrée où veillent deux soldats invalides armés d'une lance aux rubans tricolores, est décorée d'une draperie violette à grosses franges d'argent, relevée en rideaux pour laisser voir l'intérieur de la chapelle séparée du dôme par une grille. Sur cette tenture rehaussée de chaque côté de drapeaux tricolores énonçant en lettres d'or le nom de nos principales victoires, un large écusson supporte les armes impériales.

Le jour d'en haut est intercepté par des stores aux armes de Napoléon.

Le socle qui supporte le cercueil est en or, avec partie de velours aux abeilles d'or. A la tête sont placés en éventail les drapeaux pris à Austerlitz. On y remarque un guidon brodé par les mains de l'impératrice de Russie, et donné à l'empereur Alexandre.

L'aigle impérial surmonte ces faisceaux de trophées, et prend son vol vers les cieux.

Sur le socle est exposé à la vue le cercueil impérial en bois d'ébène, et tel qu'il a été rapporté de Sainte-Hélène. Des lampes sépulcrales éclairent seules cette chapelle.

Le 6 février 1841, a eu lieu, à midi, la translation du cercueil de Napoléon, du chœur de l'église des Invalides, où il était demeuré exposé depuis la cérémonie funèbre du 15 décembre, dans la chapelle de Saint-Jérôme, en présence du maréchal Moncey, gouverneur, et du lieutenant-général Petit, commandant des Invalides, de l'état-major de l'Hôtel, de la division d'officiers supérieurs et des treize divisions d'invalides.

La messe a été célébrée par le curé des Invalides, assisté de son clergé. A cette seconde cérémonie, comme à la première, le maréchal Moncey, malgré son grand âge, malgré son état de souffrance, malgré la rigueur de la saison, s'est fait porter à bras dans l'église, et est resté jusqu'à la fin de la cérémonie. Quatre officiers supérieurs invalides tenaient les coins du poêle.

TABLE.

RÉFLEXIONS HISTORIQUES. 5
DESCRIPTION DE L'HOTEL. 13
   Esplanade. . . . . *ib.*
   Grande façade côté du Nord. 14
   Cour Royale. 16
   Horloge. 17
   Statue de Napoléon. 18
   Réfectoires. . . . . *ib.*
   Dortoires. 23
   Bibliothéque. . . . . *ib.*
   Salle du Conseil. 25
   Grande lingerie. 26
   Cuisines. . . . . *ib.*
   Salle de Discipline. 27
   Charbonnière. 28
   Infirmeries. — Logement des Sœurs. . . . . . *ib.*
   Grande et petite Pharmacies. 30
   Tisannerie et Laboratoire. . . . . *ib.*
   Salle d'Appareil. 31

Salle de Bains.	ib.
Boulangerie.	32
Panneterie.	ib.
Esplanade du Dôme.	ib
Grand bassin.	33
Réservoirs.	ib.
Puits et Pompe.	ib.
Poudrière et Glacières.	34
Bâtiment neuf.	ib.
Cour de l'industrie.	35
Boucherie et Buanderie.	ib.
Première Eglise dite ancienne.	ib.
Description des Cénotaphes des Pilastres.	39
Dôme ou Eglise nouvelle.	43
Maître-Autel.	44
Chapelle de la Sainte-Vierge. — *Tombeau du Maréchal de Vauban*.	48
Chapelle de Sainte-Thérèse. — *Tombeau de Turenne*.	49
Chapelle de Saint-Grégoire.	52
— de Saint-Jérôme.	54
— de Saint-Ambroise.	56
— de Saint-Augustin.	57
Dôme extérieur.	62
Inhumations.	68
Admission.	69
Organisation Militaire.	ib.
Invalides Moines-Lais.	70
Service Militaire.	ib.
Solde des Menus besoins.	71
Canonniers.	ib

— 99 —

Subsistances.	71
Heures des repas.	ib.
Uniforme.	73
Veuves de Militaires Invalides.	74
Elèves tambours.	75
Pensions aux Servans.	ib.
Conseil d'Administration.	ib.
Entreprise Générale.	76
Fonctionnaires de l'Etablissement.	ib.
SUCCURSALE D'AVIGNON.	78
FUNÉRAILLES DE L'EMPEREUR NAPOLÉON.	79

FIN DE LA TABLE.

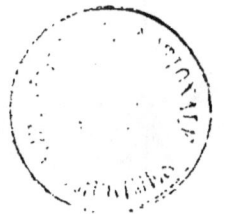

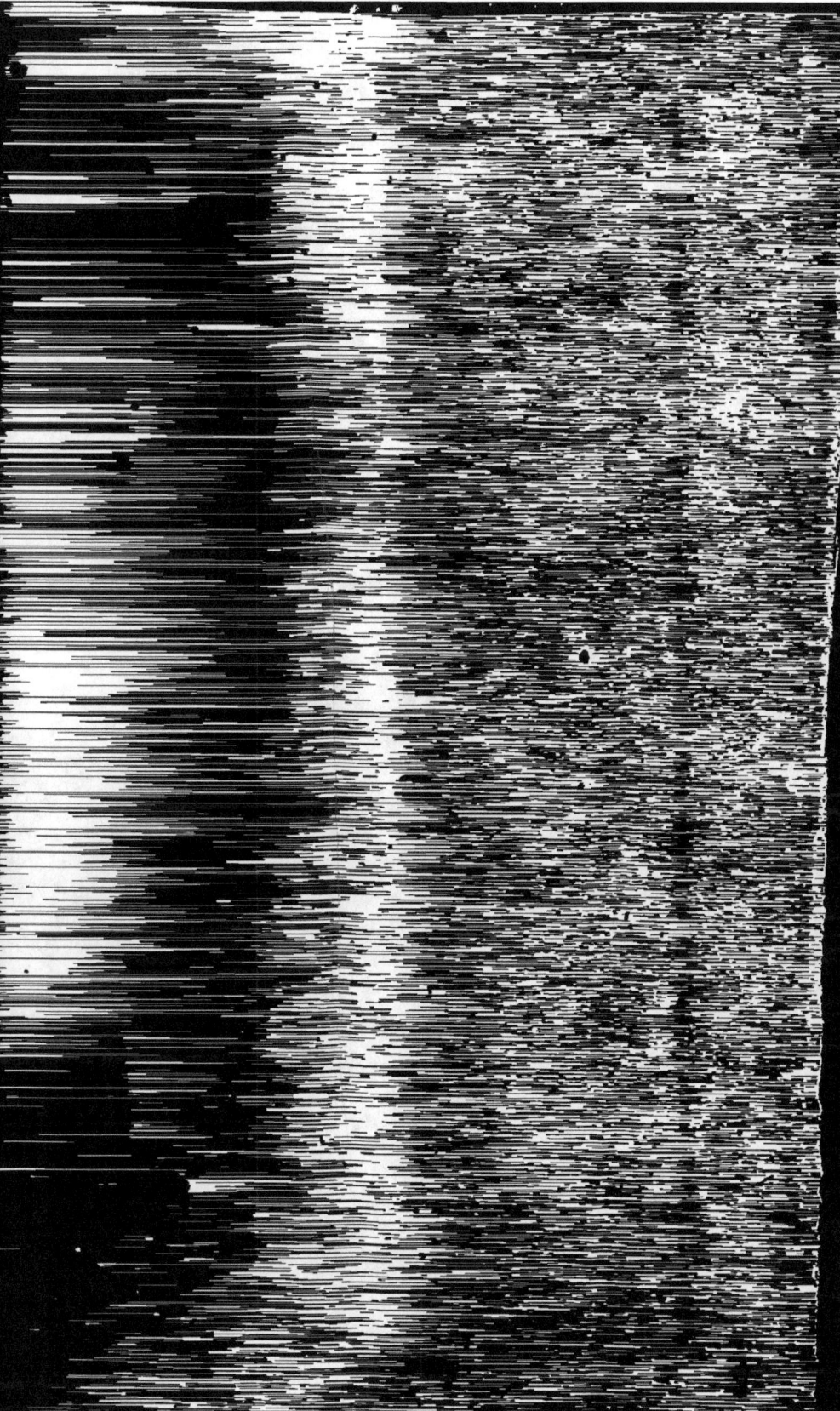

www.ingramcontent.com/pod-product-compliance
Lightning Source LLC
Chambersburg PA
CBHW070525100426
42743CB00010B/1955